本书受上海市人民政府决策咨询研究重点专项课题《推进上海医疗健康服务业与生物医药产业对接研究》(项目编号:2019-AZ-018-B)和上海市 2021 年度"科技创新行动计划"软科学重点项目《依托科技领军企业打造创新联合体的案例与对策研究——聚焦生物医药创新联合体》(项目编号:21692101300)资助出版

产业生态视域下
"医""药"协同发展研究

管理
MANAGEMENT

于 挺 李倍倍 著

Research on the Coordinated Development of
"Healthcare Services" and "Biopharmaceuticals" from the Perspective of
Industrial Ecology

上海交通大学出版社
SHANGHAI JIAO TONG UNIVERSITY PRESS

内容提要

本书以推动医疗健康服务业(以下简称"医")与生物医药产业(以下简称"药")协同发展为目标,以产业生态圈层体系作为基本分析框架,在系统分析"医""药"核心、支撑、载体、监管等产业生态圈层内相关行动者特征、发展现状的基础上,分别从产业、产业生态圈层、产业主体等三个层次上对"医""药"协同发展面临的主要困境及其根源进行了探究。在理论分析、实地调研以及现象概念化的基础上构建了有利于促进"医""药"协同发展的"双元—多极"医药协同创新网络模型,并运用复杂网络分析、政策分析、案例研究等方法展开实证研究。在借鉴国内外相关经验的基础上,提出了有利于促进我国"医""药"协同发展的总体思路、推进路径和政策建议。

图书在版编目(CIP)数据

产业生态视域下"医""药"协同发展研究 / 于挺,李倍倍著. —上海:上海交通大学出版社,2021.9
ISBN 978-7-313-25436-8

Ⅰ.①产… Ⅱ.①于… ②李… Ⅲ.①制药工业-产业发展-研究-中国 Ⅳ.①F426.7

中国版本图书馆 CIP 数据核字(2021) 第 187535 号

产业生态视域下"医""药"协同发展研究
CHANYE SHENGTAI SHIYUXIA YIYAO XIETONG FAZHAN YANJIU

著　　者：于　挺　李倍倍
出版发行：上海交通大学出版社　　　地　　址：上海市番禺路 951 号
邮政编码：200030　　　　　　　　　电　　话：021-64071208
印　　刷：上海天地海设计印刷有限公司　经　　销：全国新华书店
开　　本：710mm×1000mm　1/16　　印　　张：15.5
字　　数：235 千字
版　　次：2021 年 9 月第 1 版　　　　印　　次：2021 年 9 月第 1 次印刷
书　　号：ISBN 978-7-313-25436-8
定　　价：69.00 元

序　言

　　医疗健康服务业(以下简称"医")与生物医药产业(以下简称"药")作为大健康产业的两大子系统,唯有协同发展方能担负"以人民健康为中心"的重任,方能推进"健康中国战略"的有效实施。

　　在我国古代,"医""药"是不分家的。随着西方现代医学的传入、分工的细化和生物医药科技的日渐兴起,"医""药"从业工作者分别学习欧美、日本等国家或地区的相关领域知识,使得近百年来我国的"医"和"药"在其分属的产业链条上各自发展,均已具备较大规模并形成了各自的运行机制。但"医""药"之间的沟通机制和协同效能还有待进一步提升。

　　在"医""药"各自发展的进程中,其内部也分别出现了数量庞大、各司其职的行动者,如"医"的研究型医院、健康信息管理服务机构,"药"的创新型药械企业、药械研发外包机构以及各级各类监管部门等。学者们的研究也习惯于对"医""药"分别展开探讨,如医疗健康服务体系优化,生物医药创新技术联盟、创新网络构建等,这些其实都是从追求产业高质量发展的角度加以探讨。然而,"医""药"的发展最终要回归到提升居民健康水平这一本源上,这就需要将"医"和"药"这两大系统共同置于统一的框架下加以分析和探讨。

　　本书作者正是基于这样的思考,将"医""药"的协同发展放在了大健康产业生态体系之中加以整体考量、通盘分析。在系统审视"医""药"在产品采购/销售与价值流动、培训与交流、信息交换与反馈、研发合作等四个层次上的典型互动行为后,作者分析了当前"医""药"在协同发展中面临的主要困境及其根源,认为研究型医院与创新型药械企业之间的研发合作不足是制约我国"医""药"协同发展的重要阻碍。为解决这一难题,作者在理论分析、实地调研、现象概念化的基础上,构建了旨在促进"医""药"协同发展的"双元—多极"医药创新协同网络模型,即不仅关注由研究型医院与创新型药械企业这两个"医""药"核心层内的能动主体相互作用而结成的"双元"在"医""药"协同创新中的关键地位,也注重挖掘"医""药"产业生态体系中由知识支撑、支付激励、平台导入、资本驱动、政策供给等相关主体集合构成的"多极"对"医""药"协同创新的触发机制,这为相关部门多层次、多路径同步发力推动"医""药"协同发展提供了思路与推进路径参考。

"医""药"协同发展质量的最终评判标准在于其对居民健康水平提升的价值。而本书作者正是将"医""药"协同发展的落脚点指向了居民健康水平的提升,这就使得其研究超越了单纯强调"医""药"产业发展的局限,并因此而拥有了较高的立意。尽管"医""药"协同发展任重而道远,但只要立意足够高远,相信在后续相关理论与实务工作者不断的努力下,这一目标终将会得以实现。常言道,"有道无术,尚可求也;有术无道,止于术"。当前,在全社会对"以人民健康为中心"的理念已达成共识的前提下,深化"医""药"协同发展的研究不仅可为落实这一理念注入活力,而且也是对实施"健康中国战略"的有效诠释。

当然,医药协同的背后还需要医疗保险制度提供相应的支持与激励,这也许是值得本书作者今后研究的重要课题。希望本书的问世能进一步引起大家对医药协同发展问题的更多关注和探讨。

左学金

上海社会科学院研究员、南通大学经济管理学院外聘院长

2021 年 9 月于上海

前　言

医疗健康服务业(以下简称"医")与生物医药产业(以下简称"药")作为大健康产业的两个子系统,在产业链条上存在着上下游关系,两者的协同发展对促进居民健康、推动大健康产业高质量发展意义重大。

"医""药"协同发展的议题由来已久。从产业层面看,学者们纷纷从产业共生、对接、融合等多个角度试图阐释"医""药"协同发展的内在动力与运行机理;从产业生态圈层看,"医""药"在长期发展中,已逐步形成了由核心层、支撑层、载体层、监管层构成的产业生态圈层体系;从产业主体层面看,随着社会分工的日益细化,"医""药"各自的产业生态圈层内部则出现了越来越多的、各司其职的行动者,如研究型医院、创新型药械企业、健康保险机构、健康信息管理服务机构、金融机构以及各级各类监管部门等。因此,积极发掘"医""药"之间在产业、产业生态圈层、产业主体层面的协同发展动因与机理,有利于推动"医""药"协同发展这一议题的研究。

本书以推动"医""药"协同发展为目标,在系统梳理"医""药"发展历程的基础上,以产业生态圈层体系作为基本分析框架,分别对"医""药"核心层、支撑层、载体层、监管层内相关行动者特征、运行现状进行了分析,并对"医""药"之间在产品采购/销售与价值流动、培训与交流、信息交换与反馈、研发合作等四个层次上协同发展面临的困境及其根源进行了探究,发现研究型医院与创新型药械企业之间的研发合作不足是制约我国"医""药"协同发展的重要阻碍。在理论分析、实地调研、现象概念化的基础上,本书构建了旨在促进"医""药"协同发展的"双元—多极"医药创新协同网络模型,并采用复杂网络分析、政策分析、案例研究等方法展开实证研究,在此基础上提出了推动"医""药"协同发展的总体思路、推进路径以及政策建议。

遵循以上研究思路,本书共包括 9 章。具体安排如下。

"第 1 章绪论"对本书的研究背景与研究意义进行了分析,并结合研究要点,对国内外学界的研究成果进行整理和评述。同时,还概述了本书的研究思路、主要研究内容、研究方法以及创新点等。

"第 2 章'医''药'协同发展的理论基础"是全书逻辑架构脉络的起点。在对研究型医院、创新型药械企业、"医""药"协同发展等概念加以界定的基础上,结合协同、产业生态、行动者网络、资源依赖等理论,从而为本书构建由核心层、支撑层、载体层、监管层构成的"医""药"产业生态圈层体系分析框架以及后续研究奠定了坚实基础。

"第 3 章我国'医''药'发展历程分析"旨在回顾改革开放以来我国"医""药"发展历程,从而对"医""药"协同发展进程做到心中有数。

"第 4 章产业生态圈层体系下的'医''药'相关行动者分析"以产业生态圈层体系为基本分析框架,对"医""药"核心层、支撑层、载体层、监管层的功能定位、各产业生态圈层之间的关系,以及各产业生态圈层内的人类行动者与非人类行动者特征进行了描述和分析。

"第 5 章当前'医''药'协同发展面临的主要困境与根源分析"着重对"医""药"协同发展的现状与困境进行了梳理,并尝试挖掘分析导致"医""药"协同发展困境的根源。

"第 6 章促进'医''药'协同发展的成功经验借鉴"主要对国内外"医""药"协同发展的成功经验加以借鉴:在国外经验方面,主要对长木医学区、凯撒医疗集团、英国癌症医药基金、Florence 等打造"医""药"协同发展生态环境、健康保险机构触发"医""药"协作创新、社会医疗保险机构推动新药创新、运用区块链技术增进医药主体间互信等举措加以关注;在国内经验方面,主要借鉴了四川大学华西医院(以下简称"华西医院")、上海微创医疗器械集团有限公司(以下简称"微创医疗")、药明康德新药开发有限公司(以下简称"药明康德")、高博医疗集团等通过市场内部化破除"医""药"协同发展壁垒、积极打造创新合作网络、以研发外包实现全产业链布局、以金融资本驱动"医""药"深度协同发展等做法,从而为后续"医""药"协同发展理论概念模型设计与政策供给提供了启发。

"第7章产业生态下的'双元—多极'医药协同创新网络构建"是本书为促进"医""药"协同发展而构建的理论概念模型,主要探讨了该模型的构建思路、相关概念之间的关联等。

"第8章'双元—多极'医药协同创新网络模型的实证研究"以上海地区实践作为实证研究对象,在分析将上海"医""药"协同发展实践作为实证研究对象的可行性以及资料来源可靠性的基础上,采用复杂网络分析、政策分析、案例研究等方法对"双元—多极"医药协同创新网络模型展开了实证研究。

"第9章促进'医''药'协同发展的总体思路、推进路径与政策建议",在上述研究的基础上,提出了推动我国"医""药"协同发展的总体思路、推进路径与政策建议。

在全书成稿的过程中,上海工程技术大学的王晓静、郭傲、仇厚峰同学对全书进行了通览并提出了有益的修改建议,还在文献综述的资料准备上倾注了大量的精力;康佳明同学为"医""药"产业生态圈层关系图制作与复杂网络分析方法的探索贡献了心血;何月、刘洒洒同学对参考文献的出处进行了一一核对,刘洒洒同学还承担了索引的整理工作;张倩、包晗同学对部分数据进行了补充和校对。上海交通大学药学院副院长邱明丰研究员及其团队为本书的生物医药产业相关术语校准及部分数据提供给予了大力支持。宾州大学沃顿商学院与护理学院双学位在读学生暨上海则联网络科技有限公司(Cloud.SOP)创始人邱玉娇女士在区块链对"医""药"协同发展上给出了专业意见并提供了鲜活的案例。在这些工作中,我们得到的不仅是你们的劳动和智慧,更是一种精神和心灵上的慰藉!

　　此书得以顺利出版还要感谢上海交通大学出版社提文静老师倾力奉献!感谢我们的朋友、同事、家人的鼎力支持!同时,还要对本书在撰写过程中引用、参考的国内外文献作者以及在长期调研中给予过支持的专家和学者们,我们在此表示诚挚的谢意!

作　者

目　录

第 1 章
绪　论

作为大健康产业的两大子系统,医疗健康服务业(以下简称"医")与生物医药产业(以下简称"药")协同发展对于提升大健康产业能级、助力居民健康具有重大意义。本章将围绕研究背景与研究意义、文献研究与评述、研究方法以及主要创新点等方面进行概述。

1.1　研究背景与研究意义

1.1.1　研究背景

1)以"医""药"协同发展推进医药科技自立自强的路径有待明晰

习近平总书记在庆祝中国共产党成立 100 周年大会的重要讲话中指出:"新的征程上,我们必须推进科技自立自强。"[①]因此,加快医药科技自立自强的步伐亦变得十分紧迫。然而,从著名的"自然指数(Nature Index)"对全球

---

① 习近平.在庆祝中国共产党成立 100 周年大会上的讲话[EB/OL].http://www.xinhuanet.com/politics/leaders/2021-07/01/c_1127615334.htm? showOutlinkMenu=1,2021-07-01.

医疗机构的排名情况看,2021年我国医疗机构上榜的数量虽由2016年的1家增加到了14家,但只有上海交通大学医学院附属仁济医院(以下简称"仁济医院")和华西医院两家跻身全球30强(详见附表1);而从福布斯发布的全球企业2000强排名情况看,2021年我国药械企业进入这一榜单的数量虽由2017年的8家增加到了18家,且上榜总数位列全球第二,仅比位列第一的美国少了8家,但在具体排名分布上情况却不容乐观:在前100强中未见我国药械企业身影,在101~1 000位这一区间我国药械企业仅占3席,换言之,我国更多上榜药械企业的排名分布在了1 001~2 000这一区间(详见附表2)。因此,以研究型医院、创新型药械企业为代表的我国"医""药"相关主体在激烈的国际竞争中尚有较大的提升空间,这背后固然受诸多因素影响,但"医""药"之间协同效应不强,在很大程度上削弱了我国"医""药"在全球的竞争力。在"产业生态"时代要实现医药科技自立自强的目标,"医""药"之间必须紧密合作,在大健康产业这一复杂生态系统中相互依存、主动汲取产业生态系统中的创新要素资源,方能在全球激烈的竞争中占得先机。为此,在深入探索"医""药"协同发展机理的基础上,提供有针对性的政策供给与对策建议具有重要的理论与现实意义。

2)进入新时代"医""药"须深度协同发展以共同应对环境变化

进入新时代,居民对健康服务的需求日趋提升。党的十八大以来,以习近平同志为核心的党中央坚持把保障居民健康置于优先发展的战略地位,作出了"实施健康中国战略"的重大部署。"医""药"有关部门为此推出了一系列举措,如"4+7"药品带量采购、仿制药一致性评价、禁止公立医院"举债"扩张、推进DRG付费改革试点等,这些改革措施在规范"医""药"相关主体行为的同时也促使他们必须更加关注低成本、高效率的发展模式,从长远来看这有助于将卫生总费用控制在更加合理的区间,并有利于"医""药"持续健康发展。但无论是应对近期挑战还是迎接未来发展的新阶段,"医""药"之间都应当遵循产业生态中的相互依存、互利共生准则,在相互信任的基础上,通过密切"医""药"在产品采购/销售与价值流动、培训与交流、信息交换与反馈、研发合作上的关联,并逐步优化产业创新生态环境,方能促使"医""药"协同发展得以迈向新的高度。

3)后疫情时代"医""药"协同发展日益紧迫

后疫情时代"医""药"协同发展变得更加紧迫。新冠疫情以来,世界正经历着百年未有之大变局,经济全球化遭遇逆流,一些国家保护主义抬头。这意味着我国大健康产业内的各类主体需要逐步摆脱以往对进口药械产品的依赖,同时,还要积极应对新冠病毒不断变异、罕见病与未知病探索等临床医学的新问题。要让这些问题从根本上得到解决,只有依靠"医""药"携手并进,通过加快推动研究型医院与本土药械企业之间"创新闭环"的构建,让我国新药、创新型医疗器械取得根本性突破的同时也让临床医学科学水平得到提升,进而增强大健康产业的整体能级。因此,关于"医""药"协同发展的积极探索很可能成为后疫情时代的亮点。

1.1.2 研究意义

从理论意义看,本书选取了产业生态视角,将"医""药"视为互为依存的复杂生态系统,在"医""药"各自的产业层面与主体层面之间构造了由核心层、支撑层、载体层、监管层构成的产业生态圈层体系,并以此为基本分析框架,有利于提纲挈领地把握其中门类众多、数量庞大的行动者。同时,将"医""药"之间深层次协同发展的机理概括为"'双元—多极'医药协同创新网络"这一理论概念模型,从而为深化"医""药"协同发展提供理论准备。

从实践意义看,"医""药"协同创新是促进"医""药"协同发展的根本所在。本书提出的"双元—多极"医药协同创新网络模型不仅关注由研究型医院与创新型药械企业构成的"双元"在医药协同创新中的关键地位,也注重挖掘知识支撑、支付激励、平台导入、资本驱动、政策供给等由相关行动者集合构成的"多极"对医药协同创新的触发机制,这为相关部门多层次、多路径同步发力推动"医""药"协同发展提供了思路与推进路径参考。

1.2 文献研究与评述

1.2.1 协同的一般研究

原联邦德国物理学家 Haken(1971)首先提出了"协同"这一概念,之后又陆续出版了《协同学导论》和《高等协同学》等与之有关的作品。Porter(1985)之后在经济学分析中又引入了协同这个概念。关于产业协同的概念和内涵国内外学者都进行了表述。Porter(2004)提出了利用价值链的方法识别协同机会。Clorke 和 Brennan(1990)利用矩阵方法对产品组合、资源组合、客户组合和技术组合进行分析后通过比较组合分析的结果识别协同机会。Kanter(1911)从公司高层领导的信心和决心、奖赏和激励团队、企业内部的沟通交流三个必要条件之间的关系探讨了协同效益的实现。Bartlett 和 Ghoshal(2002)建议通过企业之间在业务行为、技能、信息和知识的共享等路径以实现协同效益。Badaracco(2002)提出了通过联盟形式实现协同效益。江朝力等(2020)基于超效率 DEA 模型,以京津冀三地创新效率评价为基础,运用复合系统协同系数模型分析三地科技创新协同效果。万程成等(2020)则根据 Haken 的协同学理论构建了复合系统协同度模型测度区域科技创新与实体经济协同发展。龚静等(2020)基于协同发展理论及熵权法,构建了科技创新与科技金融协同发展复合系统。陈庆发等(2020)通过引入协同熵概念,构建了协同采矿方法协同度测度评价模型,基于改进的层次分析法和熵权法,给出了协同采矿方法各子系统协同度评价指标赋权方法。

1.2.2 产业层面的"医""药"协同发展研究

康琦与杜学礼(2021)发现"医""药"产业的对接质量会直接影响两类产业的发展。吴兴梅(2020)认为"医""药"协同创新模式可成为推动中医药健康服务业发展的一种选择和尝试。王钰（2021）认为医疗养生机构应与药企之间加强协同，以推动并组建以龙头企业为首的专业研发团队，带动产业长足发展，这其实是一个跨部门产业生态系统的观察视角。

1.2.3　产业"中观"层面的"医""药"协同发展研究

"医""药"作为大健康产业的子系统，彼此之间互为生态环境，具有明显的生态依存关系，而且在"医""药"内部也已形成了各自的产业生态系统。相关学者主要围绕以下四条线索就产业生态层面的"医""药"协同发展议题展开探讨：一是对产业生态系统理论架构的探讨。Isanti 等（2004）提出产业生态系统应由网络核心者、缝隙市场者、支配主宰者和坐收其利者等角色构成，并认为网络核心者通过提供平台供其他参与者合作而体现其价值。Bray 和 Link（2017）、Audretsch 与 Link（2017）从产业生态治理视角出发，将研究联合体（RJVs）中主导性企业（Lead Firm）与参与性主体（Other Members）之间的关系视为"委托—代理关系"，并以由企业为主要构成的研究联合体作为研究对象，对其引入大学这一新的合作伙伴的决策机制进行了分析。Tian 等（2008）认为产业生态系统模型应包含资源、活动、决策、标准、角色、商业实体和商业模式等 7 个要素。Dhanaraj 等（2006）认为，创新生态系统的价值创造潜力是网络设计和业务流程两个维度的函数。上述研究从不同侧面对"医""药"生态系统的理论架构进行了探讨。二是围绕医药产业链协同的视角加以展开。褚淑贞等（2013）对产业链视角下生物医药产业集群中的企业合作形态、特征进行了研究，潘丽娅（2021）表示要通过人才链、产业链、项目链、技术链、资本链"五链"融合，促进产学研用深度融合助力打造生物医药产业集群和人才高地。耿燕娜等（2015）认为医药产业产学研协同创新，就是把科研院所的科研、高校的人才培养以及企业的生产与市场需求相结合。周启微等（2020）从通过延伸产业链促进产业集聚上对推动云南"医""药"协同发展的角度为推动云南地区生物医药产业发展提供了对策与建议。这些研究本质上都是从产业链条上的主体间的关系出发，对我国"医""药"协同发展给出了有益建议。三是从创新网络的角度加以分析。王飞(2012)对我国医药创新网络的合作驱动机制,滕堂伟(2015)、刘国巍等(2018)对网络演化趋势等议题展开研究,黄凤媛与孟光兴(2020)认为高校和科研机构是广东省生物医药产业创新网络中的主要流动中心,是生物医药产业技术创新的主力军。四是关注了"医""药"生态系统内不同主体的分工定位。范增等(2015)认为医药企业通过与中介机构的协同作用,如风险投资机构、医药行业协会、猎头招聘机构、培训机构等,获得关键创新资源与服务,推动集群创新活动的发展。这些"中介机构"很可能对"医""药"协同发展构成重要支撑。汪楠等(2008)则注意到大学、科研机构、企业、科技中介机构等主体在"医""药"创新协同中扮演着不同角色。

1.2.4　产业主体层面的"医""药"协同发展研究

在"医""药"主体层面上,学者们从多个维度展开了探讨,涉及药械企业、医疗机构、高校、科研院所、专家团队、政府等众多主体。项玉卿等(2015)建议鼓励创新行为主体中企业与企业、企业与高校、企业与科研机构的横向和纵向研发合作。何宇辉(2016)主张京津冀地区的药械企业应通过寻求与高校、研究所、公共医疗机构等合作,从而推动上述地区生物医药产业的高速发展。茅宁莹(2017)认为我国生物医药产业政策的制定与实施要充分发挥政府、企业、高校、科研院所、医疗机构的作用,以期实现药物研发从仿制药逐渐向自主创新转移。李书章(2015)则从纵深发展角度探讨了研究型医院与企业之间的协同。王淋等(2014)从融合发展的角度探讨了研究型医院与企业融合的"医研用"模式、预防与治疗融合的"大健康"模式、临床与科研融合的"转化医学"模式等。单蒙蒙等(2017)则认为医药研发团队除了产业内的专家团队,还包括医院临床教授、专家,他们能直接了解新药临床应用的效果和作用,并能通过一手的临床经验和数据对新药的进一步研究与开发提供反馈信息。

综上所述,相关学者在产业层面、产业主体层面对"医""药"协同发展均有涉足,并运用产业生态视角对主体间的关系进行了探讨,这为本研究从产业、产业生态圈层以及主体三个层面探讨"医""药"协同发展奠定了坚实基础。同时,由于"医""药"在长期发展中规模、主体日益庞大,如果仅在产业层面上对"医""药"协同发展加以探讨,就易于流于表浅;而如果直接深入到主体层面,又容易陷入琐碎,即易于落入"只见树木不见森林"的陷阱。同时,学者们尝试从产业生态、产业链、价值链、创新联盟、创新网络等角度探讨"医""药"协同发展,则为本研究在"医""药"产业与主体层面之间架构一个"中观"层面的分析框架,进而基于这一分析框架深入探讨"医""药"协同发展的深层次机理给予了重要启发。

1.3　研究方法

1.3.1　理论模型构建法

在实地调研、现象概念化、理论推导的基础上,一是构建了"双元—多极"医药协同创新网络模型,从而为进一步深化对"医""药"协同发展的机理认识奠定了基础;二是通过构建由核心、支撑、载体、监管等四类行动者集合形成的医药产业生态圈层体系,试图在"宏观"的产业层面与"微观"的产业主体层面之间架构起一个"中观"层面的产业生态圈层体系,从而有利于分类把握、系统分析散落在"医""药"产业生态系统中的各类行动者及其在"医""药"协同发展中的功能定位、潜能释放的可能性。

1.3.2　复杂网络分析法

"医""药"在长期发展过程中已经形成了由核心层、支撑层、载体层、监管层等行动者集合共同构成的复杂生态系统。本书在复杂网络分析法的运用上,一是对 2013—2020 年期间由研究型医院与创新型药械企业为核心构建的上海医药协同创新网络展开刻画,二是通过对这一由专利合作网与临床研究合作网复合形成的网络特征进行分析,从而获得了关于"双元—多极"医药协同创新网络模型的部分实证依据。

1.3.3　案例研究法

在经验借鉴上,本书选取了国内外在"医""药"协同发展中具有一定代表性的案例,如国外的长木医学区、凯撒医疗集团与国内的华西医院、微创医疗等案例。同时,案例研究作为本书实证研究重要组成部分,也对"双元—多极"医药协同创新网络模型中医保激励、资源共享、资本驱动等"多极"的存在进行了补充论证。

1.3.4　政策分析法

对国家、地方已经颁布的关于推进"医""药"协同发展的政策、重要讲话及其实践成效进行系统梳理,并对相关人类行动者与非人类行动者在"医""药"协同发展中的角色定位、协同领域、协同机理进行了系统分析,从中找出可资进一步促进"医""药"协同发展的政策供给空间。

1.3.5　关键知情人访谈

为明晰当前"医""药"协同发展面临的主要困境及其根源,同时,也为了有的放矢地展开政策设计,本书在撰写过程中对有关监管部门、业内有关专家等进行了关键知情人访谈,以信息饱和为原则,主动听取他们的意见,从而确保理论推导、政策供给的有效性。

1.4　主要创新点

1.4.1　理论创新

针对"医""药"协同发展这一议题,本书在全面回顾改革开放以来"医"

"药"发展历程的基础上,选取产业生态视角,构建起了由核心、支撑、载体、监管层构成的产业生态圈层体系,这其实是在产业层面与产业主体层面之间构造了一个"中观层面"虚拟的理论概念框架,从而有利于分类把握、系统分析散落在"医""药"两大复杂系统中行动者的特征与运行机理。此外,本书还在理论分析、实地调研、现象概念化的基础上构建了"双元—多极"医药协同创新网络模型,并以上海"医""药"协同发展的实践展开了实证研究。

1.4.2　研究视角创新

本书以产业生态理论作为探讨"医""药"协同发展的切入视角,将"医""药"中的各类行动者置于产业生态环境中加以考察,并借助行动者网络理论将"医""药"各产业生态圈层中的行动者划分为人类行动者与非人类行动者两类,这为本书从产业、产业生态圈层、产业主体这三个层次上全面、系统考察"医""药"协同发展的现状、困境及其机理奠定了坚实基础。

1.4.3　研究方法创新

"医""药"作为大健康产业中的两大子系统均属复杂系统,这对深入分析其协同发展机理构成挑战,因为很难采用单一方法而奏效。为此,本书紧紧抓住理论分析与实地调研这两大关键法宝,在对重点案例进行深入研究的基础上,整合了政策分析法、比较分析法、复杂网络分析法以及关键知情人访谈等多重方法。这一方法创新较为充分地体现在了对"双元—多极"医药协同创新网络模型展开实证研究的过程中:首先,运用 2013—2020 年期间的相关数据,以复杂网络分析法刻画了期间以上海研究型医院与创新型药械企业为核心构建的医药协同创新网络,通过对该网络的拓扑图展开分析,证实了"双元—多极"医药协同创新网络模型中研究型医院与创新型药械企业等"双元"与"多极"中的知识支撑极的存在。其次,本书还运用政策分析法、案例研究法证实了政策供给、支付激励、平台导入、资本驱动等其他"多极"的存在。

第 2 章

"医""药"协同发展的理论基础

"医""药"协同发展涉及诸多概念与理论。本章重点选取研究型医院、创新型药械企业、"医""药"协同发展等核心概念加以界定。同时,在对协同、资源依赖、行动者网络、产业生态等理论简要回顾的基础上侧重对这些理论与本书相关内容的关联性进行分析。

2.1 核心概念界定

2.1.1 研究型医院

研究型医院作为医疗卫生机构的重要类型之一,既是医疗健康服务业中重要的行动者,更是促进"医""药"协同发展的能动者。

姜昌斌等首次提出"研究型医院"这一概念(2003)。一般认为,研究型医院以从事临床医学科学研究为主要工作内容,同时,还积极从事临床带教工作,从而将临床医学科学中最为前沿的知识和技术加以推广和应用,以推动临床诊疗水平的不断提升。

与传统的临床型医院相比,研究型医院对自身科学研究能力的不断提升极为看重。为了对不同国家、不同制度背景下的研究型医院的能力进行比较,自 2016 年起,国际权威学术期刊《自然》杂志每年会根据前一年发表的高质量学术论文和科研成果对全球各大医院进行排名,形成了著名的"自然指数(Nature Index)"排名,详见附表 1。这些医院往往以探索人类未知疾病、罕见病为己任,由于多数是知名大学的附属医院,在专业知识的传播中也发挥着重要作用,因而具有十分典型的研究型医院的特征。可喜的是,自2016 起,我国先后有 20 家医院进入这个名单(详见表 2-1),成为当之无愧的研究型医院。而且,从每年我国不断增加的进入"自然指数"排名前 100 位医院的数量看,我国研究型医院的建设成效十分显著。

表 2-1　2016—2021 年我国进入"自然指数"排名前 100 位医院一览

年份	进入医院名称	进入医院数量 (单位:家)
2016	＊四川大学华西临床医学院/华西医院	1
2017	＊四川大学华西临床医学院/华西医院 ＊中山大学肿瘤防治中心	2
2018	＊四川大学华西临床医学院/华西医院 ＊中山大学肿瘤防治中心 ＊上海交通大学医学院附属仁济医院 ＊上海交通大学医学院附属瑞金医院	4
2019	＊四川大学华西临床医学院/华西医院 ＊中山大学肿瘤防治中心 ＊上海交通大学医学院附属仁济医院 ＊中山大学孙逸仙纪念医院/中山大学附属第二医院 ＊西南医院	5

（续表）

年份	进入医院名称	进入医院数量（单位：家）
2020	＊四川大学华西临床医学院/华西医院 ＊中山大学肿瘤防治中心 ＊上海交通大学医学院附属仁济医院 ＊中山大学孙逸仙纪念医院/中山大学附属第二医院 ＊上海交通大学医学院附属第九人民医院 ＊中南大学湘雅医院 ＊复旦大学附属中山医院 ＊华中科技大学同济医学院附属协和医院 ＊浙江大学医学院附属第二医院 ＊鼓楼医院	10
2021	＊四川大学华西临床医学院/华西医院 ＊中山大学肿瘤防治中心 ＊上海交通大学医学院附属仁济医院 ＊中山大学孙逸仙纪念医院/中山大学附属第二医院 ＊上海交通大学医学院附属第九人民医院 ＊中南大学湘雅医院 ＊复旦大学附属肿瘤医院 ＊上海交通大学医学院附属瑞金医院 ＊上海市第六人民医院/上海交通大学附属第六人民医院 ＊浙江大学第二附属医院 ＊华中科技大学同济医学院附属同济医院 ＊中国人民解放军总医院/解放军医学院 301 医院 ＊浙江大学附属第一医院/浙江省第一医院 ＊浙江大学医学院附属邵逸夫医院/浙江省邵逸夫医院	14

资料来源：由 2016—2021 年"自然指数"对全球医疗机构排名整理而来

　　同时应该看到的是,我国研究型医院建设与国际上一些临床医学学科发展较为领先的国家相比尚有较大差距。由表 2-2 可知,连续 6 年进入这一排名体系医院数量最多的国家是美国,竟有 44 家之多;紧随其后的是德国、荷兰、加拿大、瑞士,分别为 10、8、5、2 家。我国只有华西医院这一家医院获此殊荣。

表 2-2　2016—2021 年进入"自然指数"排名前 100 位医院的累计频次(单位:家)

医院所在国家	累计 6 次	累计 5 次	累计 4 次	累计 3 次	累计 2 次
美　国	44	46	49	53	58
德　国	10	10	12	12	14
荷　兰	8	8	8	8	8
加拿大	5	5	5	5	6
瑞　士	2	3	3	3	3
中　国	1	2	3	4	7
西班牙	1	1	1	1	2
英　国	1	1	1	1	1
意大利	1	1	1	1	1
法　国	1	1	1	1	1
韩　国	1	1	1	1	1
挪　威	1	1	1	1	1
奥地利	0	0	1	1	1
以色列	0	0	1	1	1
瑞　典	0	0	0	0	1
日　本	0	0	0	0	1
澳大利亚	0	0	0	0	1

资料来源:由 2016—2021 年"自然指数"对全球医疗机构排名数据整理而来

　　研究型医院以探索人类未知疾病、罕见病为己任,这必然使其对药品、医疗器械、生物制品等药械产品研发进展十分关注,甚至可能在可以解决临床瓶颈的药械产品研发中扮演着重要角色,因而必将是"医""药"协同发展的核心主体。在我国,研究型医院的建设至今尚不足 20 年,如果仅以是否进入"自然指数"前 100 位作为研究型医院的评判标准,那势必会把对研究型医院的探讨局限在十分狭小的范围。为此,在本书中凡是具有以下特征之一的机构均视为研究型医院:一是依托拥有临床医学学科优势的高等院校并同时具有科研、临床、教学职能的医疗卫生机构,二是在区域内已形成了一定的品牌知名度并同时具有临床、科研、教学职能的医疗卫生机构,三是以往基于药品、医疗器械或生物制品的研发已与药械企业展开了合作关系的医疗卫生机构。如北京协和医院、北京大学第三医院、复旦大学附属中山医院、上海交通大学医学院附属第六人民医院等。实践中,省会城市或直辖市的三级甲等医院往往与研究型医院拥有较高的重合度。

2.1.2　创新型药械企业

创新型药械企业又可称之为创新驱动型药械企业,是由提供药品与医疗器械的两类企业构成。在生物医药产业中,创新型药械企业是富有创新活力的行动者。这类企业不仅为下游的医疗卫生机构、健康管理机构、体检中心等组织或居民提供药械产品,而且通过持续的研发投入不断改进药械产品质量,甚至为罕见病、疑难病提供全新的药械产品,从而为"医""药"乃至大健康产业的高质量发展做出了积极贡献。

与传统药械企业相比,在投入上,创新型药械企业表现出高研发强度、高研发人员占比等特征;在产出上,创新型药械企业往往拥有一定数量的专利,新产品收入占企业营业收入的比例较高,甚至有多个药品或医疗器械管线处于临床试验阶段。以美国辉瑞制药有限公司(以下简称"辉瑞公司")为例,其业务主要涵盖内科肿瘤、疫苗、炎症、免疫以及罕见病疾病区域。从研发投入上看,2020 年该公司继续加大研发投入,累计研发投入达 94.05 亿美元,比上年增长 12.04%,研发投入占营业收入的比重达到 22.4%①,从而有力地支持了公司的新药研发活动。从研发产出上看,辉瑞公司 2020 年已有 189 个获批药物,677 个国际专利,和 30 个美国专利②。从公司官网数据看,截至 2021 年 2 月,辉瑞共有 95 个新药研发管线项目正处于不同临床研究阶段,其中临床Ⅰ期有 27 个项目,临床Ⅱ期有 35 个,临床Ⅲ期有 24 个,并有 9 个项目进入审批阶段。具体如图 2-1 所示。

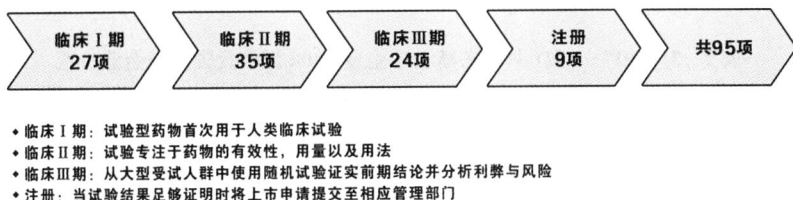

- ◆ 临床Ⅰ期:试验型药物首次用于人类临床试验
- ◆ 临床Ⅱ期:试验专注于药物的有效性、用量以及用法
- ◆ 临床Ⅲ期:从大型受试人群中使用随机试验证实前期结论并分析利弊与风险
- ◆ 注册:当试验结果足够证明时将上市申请提交至相应管理部门

图 2-1 截至 2021 年 2 月辉瑞公司研发管线一览

资料来源:辉瑞公司 2020 年年报

以江苏恒瑞医药股份有限公司(以下简称"恒瑞医药")为例,2020 年该公司继续加大研发投入,累计研发投入 49.89 亿元,比上年增长 28.04%,研发投入占销售收入的比重达到 17.99%,有力地推动了企业研发活动。恒瑞医药现有研发人员 4 721 人,占总人数的 16.33%。同时为全面加强员工的培训与培养,公司建立了恒瑞大学,下设营销、管理、研发等学院,为员工提供了职业发展平台;在产出上,恒瑞医药的专利申请和维持工作也正在顺利推进的过程中,2020 年度该公司共提交国内新申请专利 207 件,提交国际 PCT 新申请 70 件,获得国内授权专利 64 件,获得国外授权专利 103 件③。

进入 21 世纪以来,随着生物医药产业发展的高歌猛进,创新型药械企业

---

① 数据来自纽约证监会 Edgar 数据库中的辉瑞公司 2020 年年报,网址为:https:www.sec.gov-edgar-searchedgar-companysearch.html

② 数据来自 DrugPatentWatch,网址为:https:www.drugpatentwatch.com-p-applicant-Pfizer♯patent_family

③ 相关数据来自江苏恒瑞医药股份有限公司 2020 年公司年报。

也日益得到重视。从近五年福布斯发布的全球企业 2000 强榜单①来看,我国药械企业进入这一榜单的数量开始日益增多,由 2017 年的 8 家增加到了 2021 年的 18 家,其中药械企业占国内进入榜单企业的比例也从 2017 年的 2.60 %上升到了 2021 年的 4.56 %,说明我国生物医药产业的竞争力正在稳步提升。由于这些上榜企业均以不断创新获得竞争优势,因此堪称典型的创新型药械企业,具体如表 2 - 3 所示。

表 2 - 3   2017—2021 年福布斯全球企业 2000 强中我国药械企业一览

年份	药械企业名称②	国内药械企业进入榜单的数量(家)	国内企业进入榜单数量(家)	药械企业占比(%)
2017	国药控股(581)	8	308	2.60
	上海医药(995)			
	华润医药(1029)			
	康美药业(1487)			
	恒瑞医药(1497)			
	云南白药(1548)			
	复星医药(1766)			
	上海莱士(1962)			
2018	国药控股(651)	11	338	3.25
	上海医药(897)			
	华润医药(1000)			
	恒瑞医药(1305)			
	康美药业(1320)			
	云南白药(1545)			

① 该榜单主要依据销售额、利润、资产、市值这四大衡量标准对全球上市公司进行排名,从而选出全球最大、市值最高的 2000 家上市公司。
② 企业名称后括号内的数值代表该企业在本次排名中的具体位次。

（续表）

年份	药械企业名称②	国内药械企业进入榜单的数量（家）	国内企业进入榜单数量（家）	药械企业占比（%）
2018	舜宇光学(1563) 复星医药(1662) 中国生物制药(1828) 石药集团(1844) 九州通(1967)	11	338	3.25
2019	国药控股(572) 华润医药(878) 恒瑞医药(1213) 中国生物制药(1308) 广州白云山医药集团(1558) 康美药业(1634) 迈瑞医疗(1655) 云南白药(1659) 石药集团(1806) 九州通(1949) 舜宇光学(1954)	11	356	3.10
2020	国药控股(556) 上海医药(1009) 恒瑞医药(1066) 华润医药(1089) 迈瑞医疗(1129) 舜宇光学(1320) 云南白药(1320) 石药集团(1593)	15	367	4.09

（续表）

年份	药械企业名称②	国内药械企业进入榜单的数量（家）	国内企业进入榜单数量（家）	药械企业占比（%）
2020	翰森制药（1617） 中国生物制药（1656） 药明康德（1746） 智飞生物（1794） 九州通（1903） 复星医药（1940） 广州白云山医药集团（1929）	15	367	4.09
2021	国药控股（580） 上海医药（964） 迈瑞医疗（981） 恒瑞医药（1020） 舜宇光学（1141） 云南白药（1244） 药明康德（1293） 智飞生物（1310） 石药集团（1494） 九州通（1535） 翰森制药（1617） 药明生物（1624） 中国生物制药（1745） 爱尔眼科（1781） 复星医药（1876） 广州白云山医药集团（1862） 英科医疗（1905） 片仔癀（1910）	18	395	4.56

资料来源:由福布斯官网相关数据整理而来

　　从 2021 年各国药械企业进入这一榜单的情况看,在总数上我国仅次于美国,分别为 18 与 26 家,但具体排名分布情况却不容乐观:在前 100 位的排名中,美国、瑞士、英国、法国企业各占 4、2、1、1 席,而我国的药械企业却未见身影;在 101~1 000 位这一区间,美国企业占有 20 席,而我国企业仅占 3 席;在 1 001~2 000 这一区间,我国企业占了 15 席,明显多过其他国家,这意味着我国生物医药细分产业领域中已经储备了一批未来可能冲击全球1000 强的潜在企业,具体如表 2‑4 所示。

表 2‑4　**2021 年进入全球 2000 强的药械企业排名分布情况**　　(单位:家)

企业 所属国别	总数	排名在前 100 位 的企业	排名在 101~1 000 位 的企业	排名在 1 001~2 000 位 的企业
美国	26	4	20	2
中国①	18	0	3	15
日本	6	0	4	2
德国	3	0	3	0
瑞士	2	2	0	0
英国	2	1	1	0
法国	1	1	0	0
爱尔兰	1	0	1	0
丹麦	1	0	1	0
以色列	1	0	1	0
比利时	1	0	0	1
巴西	1	0	0	1

资料来源:由福布斯官网相关数据整理而来

　　创新型药械企业是生物医药产业中推动创新的能动主体,且在药械产

---

① 这 18 家企业包括在中国香港与中国台湾上市或设置的企业。

品研发、生产、销售中往往扮演着十分重要的角色,这就使其在与医疗健康服务业相关主体的合作上具有多层次性。因而创新型药械企业与研究型医院一样,易于成为"医""药"协同发展的核心主体。本书认为创新型药械企业一般具有以下特征:一是企业在研究与开发的基础上直接或间接提供药械产品①,二是拥有研发部门或研发行为,可以是独立或合作研发,三是研发投入在企业营业收入中占有一定的比例,四是研发人员在员工总人数中占有一定的比例。为了不让这类研究对象局限在一个狭小的范围,只要满足上述特征其中之一的企业便可视为创新型药械企业。

2.1.3 "医"与医疗健康服务业

本书将医疗健康服务业简称为"医"。2013 年国务院印发《关于促进健康服务业发展的若干意见》(国发〔2013〕40 号),将健康服务业的内涵作了如下描述:健康服务业以维护和促进人民群众身心健康为目标,主要包括医疗服务、健康管理与促进、健康保险以及相关服务,涉及药品、医疗器械、保健用品、保健食品、健身产品等支撑产业。本书借鉴了其中关于健康服务的定义,把凡是为居民提供医疗卫生、健康管理、保健康复等服务的机构,以及为这些机构的功能实现提供支持、保障服务的行动者均归为医疗健康服务业范畴。同时,为了凸显"药"与"医"的协同发展关系,本书将"药品、医疗器械、保健用品、保健食品、健身产品等支撑产业"归入"药"的范畴加以专门讨论。结合《国民经济行业分类(2019 修改版)》中的门类、大类、中类以及小类,本书对医疗健康服务业涉及的范围进行了梳理,详见表 2 - 5。

---

① 注册人制度推行以来,药品或医疗器械注册并不一定要具备生产资质,但注册人要对最终上市的药品或医疗器械的质量负责。

表 2-5 与医疗健康服务业相关的行业类别

代码				类别名称	说明
门类	大类	中类	小类		
I				信息传输、软件和信息技术服务业	
	64			互联网和相关服务	
		643		互联网平台	
			6432	互联网生活服务平台	
			6434	互联网公共服务平台	
L				租赁和商务服务业	
	72			商务服务业	
		724		咨询与调查	
			7244	健康咨询	
M				科学研究和技术服务业	
	73			研究和试验发展	
		734	7340	医学研究和试验发展	
	74			专业技术服务业	
		745		质检技术服务	
			7452	检测服务	
	75			科技推广和应用服务业	
		752	7520	知识产权服务	
O				居民服务、修理和其他服务业	
	80			居民服务业	
		805		洗浴和保健养生服务	
			8052	足浴服务	
			8053	养生保健服务	

（续表）

代码				类别名称	说明
门类	大类	中类	小类		
Q				卫生和社会工作	
	84			卫生	
		841		医院	
			8411	综合医院	
			8412	中医医院	
			8413	中西医结合医院	
			8414	民族医院	
			8415	专科医院	
			8416	疗养院	
		842		基层医疗卫生服务	
			8421	社区卫生服务中心（站）	
			8422	街道卫生院	
			8423	乡镇卫生院	
			8424	村卫生室	
			8425	门诊部（所）	
		843		专业公共卫生服务	
			8431	疾病预防控制中心	
			8432	专科疾病防治院（所、站）	
			8433	妇幼保健院（所、站）	
			8434	急救中心（站）服务	
			8435	采供血机构服务	
			8436	计划生育技术服务活动	
		849		其他卫生活动	

（续表）

代码				类别名称	说明
门类	大类	中类	小类		
			8491	健康体检服务	
			8492	临床检验服务	
			8499	其他未列明卫生服务	
	85			社会工作	
		851		提供住宿社会工作	
			8511	干部休养所	
			8512	护理机构服务	
			8513	精神康复服务	
			8514	老年人、残疾人养护服务	
		852		不提供住宿社会工作	
			8522	康复辅具适配服务	
S				公共管理、社会保障和社会组织	
	94			社会保障	
		941		基本保险	
			9412	基本医疗保险	
			9414	工伤保险	
			9415	生育保险	
			9419	其他基本保险	
		942	9420	补充保险	

资料来源：由《国民经济行业分类(2019 修改版)》整理而来

由表 2-5 可知,医疗健康服务业在长期发展过程中,随着分工的不断细化已经形成了门类众多的机构与服务项目,这为"医""药"协同发展提供了知识支撑、资源共享以及基于商业与社会医疗保险的支付激励保障。同时，由于其涉及主体、门类过多，也给理论与实务工作带来一定挑战。为了确保可以提纲挈领、全面系统地把握医疗健康服务业中各类主体的功能，本书基于产业生态理论，结合相关主体在医疗健康服务提供中的功能定位，对上述机构、服务进行归类，形成了由核心层、支撑层、载体层、监管层构成的"医"的产业生态圈层体系，详见本书第 4 章。

2.1.4   "药"与生物医药产业

本书将生物医药产业简称为"药"。对于生物医药产业现在国际上还没有统一的界定，各国学者按照不同的组织划分和基础理论观点对生物医药产业得出了不同的概念，且有广义与狭义的理解（徐岩，2014）。本书对生物医药产业的界定倾向采用广义的产业概念口径，即从产业提供的最终产品出发，把凡是提供药品①、医疗器械、保健用品、保健食品、健身产品的企业以及为上述最终产品实现提供支持、保障的行动者均归为生物医药产业范畴。根据这一标准，结合《国民经济行业分类（2019 修改版）》中的门类、大类、中类以及小类，本书对生物医药产业涉及的范围进行了梳理，详见表 2-6。

表 2-6   与生物医药产业相关的行业类别

代码				类别名称	说明
门类	大类	中类	小类		
C				制造业	
	14			食品制造业	
		149		其他食品制造	
			1491	营养食品制造	

---

① 根据我国《药品注册管理办法》，药品分为化学药、中药、生物制品三类。

（续表）

代码				类别名称	说明
门类	大类	中类	小类		
			1492	保健食品制造	
	27			医药制造业	
		271	2710	化学药品原料药制造	
		272	2720	化学药品制剂制造	
		273	2730	中药饮片加工	
		274	2740	中成药生产	
		276		生物药品制品制造	
			2761	生物药品制造	
			2762	基因工程药物和疫苗制造	
		277	2770	卫生材料及医药用品制造	
		278	2780	药用辅料及包装材料制造	
	29			橡胶和塑料制品业	
		291		橡胶制品业	
			2915	日用及医用橡胶制品制造	
	35			专用设备制造业	
		354		印刷、制药、日化及日用品生产专用设备制造	
			3544	制药专用设备制造	
		358		医疗仪器设备及器械制造	
			3581	医疗诊断、监护及治疗设备制造	
			3582	口腔科用设备及器具制造	
			3583	医疗实验室及医用消毒设备和器具制造	
			3584	医疗、外科及兽医用器械制造	
			3585	机械治疗及病房护理设备制造	

（续表）

代码				类别名称	说明
门类	大类	中类	小类		
			3586	康复辅具制造	
			3589	其他医疗设备及器械制造	
M				科学研究和技术服务业	
	73			研究和试验发展	
		734	7340	医学研究和试验发展	
	75			科技推广和应用服务业	
		751		技术推广服务	
			7512	生物技术推广服务	
		753	7530	科技中介服务	

资料来源：由《国民经济行业分类（2019 修改版）》整理而来

　　由上表可知，生物医药产业在长期发展过程中，随着分工的不断细化，已经形成了门类众多的机构与服务项目，从而为"医""药"协同发展提供了重要保障。同时，由于涉及主体、门类过多，在大类上不仅涵盖医药制造业（C27）、橡胶和塑料制品业（C29）、专用设备制造业（C35）、食品制造业（C14）等第二产业，还涉及研究和试验发展（M73）、科技推广和应用服务业（M75）等第三产业。为了能够提纲挈领、全面系统地把握生物医药产业中各类主体的功能，本书基于产业生态理论，结合相关行动者在生物医药产业最终产品[①]提供中的定位，对上述机构、服务、产品进行归类，从而形成了由核心层、支撑层、载体层、监管层构成的"药"的产业生态圈层体系，详见本书第 4 章。

[①]　对于生物医药产业的最终产品，本书重点讨论与"医""药"协同发展尤其是协同创新关联最为密切的药品与医疗器械，在书中更多地方被合称为药械产品，而提供这两类产品的企业也被合称为药械企业。

2.1.5 "医""药"协同发展

"医""药"协同发展这一议题由来已久。随着"医""药"的不断发展，"医""药"无论是产业之间还是产业内部的关系变得日益复杂。与此同时，产业内部主体的种类日益丰富、数量也日趋庞大。如果将产业整体视为"黑箱"，仅从产业层面上探讨"医""药"之间的协同发展，就会流于粗糙、表浅；而如果过于关注"医""药"之间主体之间的关联，又会陷于"只见树木，不见森林"的误区。

如果将"医""药"视为两个复杂系统，从产业生态的角度加以观察，就会发现系统中的众多主体已在长期的发展过程中围绕产业目标的实现，逐步形成了基于核心、支撑、载体、监管等不同功能定位的生态关联集合。基于此，本书在后续的讨论中分别对"医""药"的核心层、支撑层、载体层、监管层及其圈层内相关行动者进行分析，即在探讨"医""药"协同发展时，不仅关注"医""药"在产业层面的协同发展，也将关注"医""药"在产业生态圈层层面与主体层面的协同发展。

"医""药"协同发展在战略层面上旨在积极响应居民全方位的健康诉求，在战术层面上则主要通过"医""药"在产业、产业生态圈层以及主体层面加强协同，从而在药械产品采购/销售与价值流动、培训与交流、信息交换与反馈、研发合作等四个维度上协同发展。其中最为核心的维度在于研发合作，这最终决定着"医""药"协同发展的高度与深度。为此，本书提出了"双元—多极"医药协同创新网络模型，即通过研究型医院与创新型药械企业这两个"双元"与知识支撑、政策供给、支付激励、平台导入、资本驱动等五个"多极"共同构建的医药协同创新网络模型，以期对"医""药"协同发展的深层次机理做出合理诠释。

2.2　"医""药"协同发展的相关理论

2.2.1　协同理论

联邦德国斯图加特大学教授、著名物理学家 Haken 最早提出了"协同"这一概念(1971),并于 1976 年系统地论述了协同理论。协同理论亦称"协同学"或"协和学",是 20 世纪 70 年代以来在多学科研究基础上逐渐形成和发展起来的一门新兴学科,是系统科学的重要分支理论(李汉卿,2014)。

协同理论认为自组织从无序到有序的这个过程不仅仅受某一个变量的影响,而是受组织内各个成员之间、各个要素之间非线性交互关系的影响,并在交互中找到了一种协同价值。换言之,组织一旦产生协同就变得有序(白列湖,2007)。简单地说,协同效应就是"1+1>2"的效应。组织在协同创新过程中所产生的协同效应对其创新绩效具有积极的推动作用(解学梅,2015)。根据协同效应辐射范围的不同,可将协同划分为外部协同与内部协同两类。前者是指系统之间由于交互协调,从而在整体上获得协同效应的过程;内部协同则指系统内部不同组分、不同环节之间通过交互协调获得协同效应的过程。

应该说,外部协同与内部协同是相对概念,在"医""药"协同发展中可谓是兼而有之。如果将"医""药"看作两个独立的系统,"医""药"协同发展当属外部协同;如果将"医""药"视为大健康产业中的两个子系统,那么,"医""药"协同发展则当属内部协同。此外,从"医""药"产业生态圈层体系看,核心层、支撑层、载体层、监管层之间以及产业内的行动者之间也要协同发展,而在这一情境下的所说协同则当属内部协同。

2.2.2　资源依赖理论

资源依赖理论属于组织理论的重要理论流派,萌芽于 20 世纪 40 年代,在 70 年代以后被广泛应用到组织之间关系的研究。这一理论的主要代表作是《组织的外部控制》(Pfeffer 与 Salancik,1978)。

资源依赖理论提出了四个重要假设:一是组织至关重要的问题是生存,二是组织为了生存需要依赖大量的资源,而组织自身通常不能自行产生这些资源,三是组织必须与它所依托环境中的各类要素互动,这些要素中也包含其他组织,四是组织的生存是建立在控制自身与其他组织关系的能力基础之上。资源依赖理论的核心假设是组织需要通过获取环境中的资源来维持生存,没有组织的资源是自给的,都要与环境进行交换。为此,普费弗提出应当把组织视为政治行动者而不仅仅是完成任务的工作组织(1978)。

从资源依赖理论的角度看,任何组织的生存都离不开对资源的依赖,然而,任何组织又不可能完全拥有其发展所需要的一切资源。为了弥补资源上的短缺,组织就会想方设法与它所处环境中拥有或控制着这类资源的其他组织之间进行互动,即采取合并、联合、游说或治理等手段,从而增强对其所依赖资源的控制力、减少不确定性(邱泽奇,2020)。资源依赖理论认为因为环境的不确定性和缺乏足够的资源,组织可能会追求更多的资源,以保障自己的利益,减少和避免环境变化带来的冲击。与此同时,为组织提供资源的其他组织,能够也确实对这些组织发挥巨大的影响力。

如果将"医""药"分别看成是两个大的、相互依存的"组织",根据资源依赖理论,无论是"医"还是"药"都存在着某些资源上的短缺,因此,两者之间需要互为环境,只有通过合作而获得所需资源,方能实现生存与发展需要,而这一过程恰好是"医""药"协同发展的重要机理之一。

2.2.3 行动者网络理论

随着技术社会学的兴起,越来越多的学者开始将技术社会学的基本方法移植到技术创新研究之中,这使得技术创新开始更多地关注创新主体的动力来源以及创新网络协同关系对创新绩效的重要作用。行动者网络理论作为社会技术学的重要内容之一,起源于 20 世纪 40 年代,兴盛于 20 世纪

80年代中后期,其后得到进一步发展,该理论的研究经历了哲学、科学、社会学等不同研究范式的转变(郭俊立,2007),主要代表人物有拉图尔(Bruno Latour)、卡龙(Michel Callon)、塔尔德(Gabriel Tarde)等。

行动者网络理论打破了基于自然和社会的传统二分法,开始研究科学和社会之间的互动机制。传统社会网络研究多从人与人或人与组织的互动关系入手,较为强调主体间在互动过程中的"关系"及其作用。行动者网络理论则提供了两个全新的思路:一是更加关注"人"类主体与"物"类主体间的互动。在拉图尔看来,"物"类行动者的利益诉求在科学研究中通过科学家这一"人"类主体的行为得到体现;二是更加关注创新成果赖以产生的网络联盟。行动者网络理论认为技术的发展是通过行动者之间进行转译链接(concatenation of translations)的过程形成网络联盟,这个转译过程一般经历问题化过程(problematization)、权益化过程(interessment)、摄入过程(enrollment)、对同盟者的激活过程(mobilization)等四个环节,而在这一网络上聚集着众多的"人"类或"物"类行动者①。

行动者网络理论的主旨强调各学科的问题研究要站在社会这个大的视域下,采用宏观与微观相结合的动态网络分析方法,协调行动者各方的利益,从而充分调动网络中各类行动者的积极性。本书十分赞同这一主旨,由于"医""药"之间的协同创新是决定"医""药"的协同发展的关键之所在,这使得行动者网络理论对本书探讨"医""药"内相关行动者间的研发合作上具有了较强的适用性。同时,借用行动者网络理论关于"人"类主体与"物"类主体的划分思路,本书将"医""药"产业生态圈层内种类繁多的行动者进行了人类与非人类行动者的二分法归类。这有利于本书不仅关注居民、医疗卫生机构、药械企业、药械研发外包机构、高校、科研院所、医师、药械研发人员等人类行动者的诉求,也试图理解专利、论文、合同、床位等非人类行动者

---

① 原著中用了 Actor 与 Actant,由于本书对"医""药"中行动者的讨论并不涉及主体与客体之分,故而并未依此对行动者类别进行划分。

的诉求。这些行动者在本书中的初步划分如表 2-7 所示。

表 2-7　"医""药"中的主要行动者

行动者归类	行动者亚类	行动者枚举
人类行动者	组织或机构类	医疗卫生机构、药械企业、政府主管部门、大学、科研院所、行业协会等
	个体类	医师、药械研发人员、居民等
非人类行动者	物质范畴	仪器、设备、专利、资金、场所、产品、合同、论文等
	意识范畴	知识、技术、文化、制度、政策、法律法规等

2.2.4　产业生态理论

20 世纪 70 年代,美国地球化学家 Cloud 在其论文中首次使用了"产业生态学"(1977)。随后,Frosch 和 Gallopoulos 在《制造业的战略》中首次正式提出了产业生态学概念(1989)。1990 年,美国国家科学院与贝尔实验室在全球首次"产业生态学"论坛上对产业生态学的概念、内容、和方法及其应用前景进行了全面系统的总结,基本形成了目前产业生态理论的基本框架。

产业生态理论其实是引入了自然界的生态系统概念,认为产业生态是具有自调节功能的"雨林"范式(尹磊等,2011)。这种范式具有多样性、开放性、自组织性和动态性的特征。在产业生态系统中,由于诸多行动者"杂居",有可能产生新"物种",如新的创新成果、新的产品和服务,甚至会形成新的产业或业态等,而这些新的"物种"的质量则取决于产业生态的质量。森·罗森伯格等以创新型企业作为观察对象,对其与环境之间的相互关系进行了分析,发现企业通过狭义产业链、产品链、供应链、服务链①等形成了一个错综复杂的网链结构(2017),这其实描述的就是企业所处的产业生态环境,如图 2-2 所示。

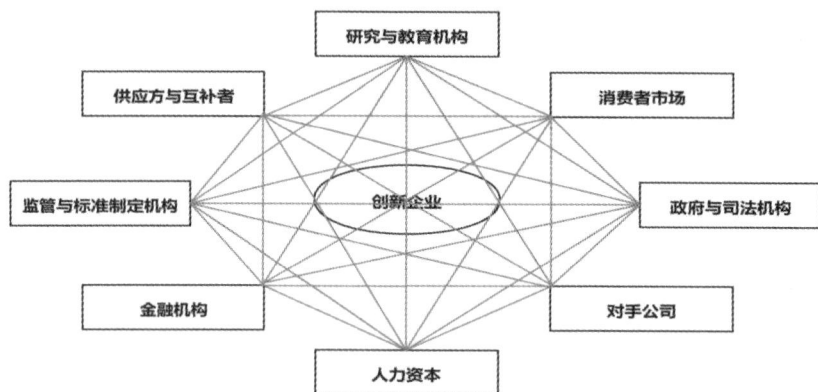

图 2-2　创新型企业所处的网链结构生态环境

资料来源:(美)布朗温·H.霍尔.创新经济学手册(第一卷)[M].上海:上海交通大学出版社,2017.

　　"医""药"在发展过程中已经逐步形成了各自层次丰富、构成复杂的产业生态体系。本书不仅关注产业层面与产业主体层面的"医""药"协同发展,而且关注二者在"中观"层面的协同发展,并将"医""药"这一虚拟的"中观"结构概括为由核心层、支撑层、载体层、监管层等四个部分构成的产业生态圈层体系。以此为基本分析框架,对"医""药"现有各产业生态圈层内的人类行动者与非人类行动者的特征展开分析(详见本书第4章)。同时,本书认为"医""药"的协同发展的根本在于"医""药"的协同创新网络构建,即由研究型医院与创新型药械企业这两个"医""药"核心层内的关键行动者之间的紧密协作结成的"双元",以及由"医""药"相关行动者集合构成的知识支撑、政策供给、支付激励、平台导入、资本驱动等"多极"形成的"双元—多极"

---

① 如专业服务链、金融服务链和公共服务链乃至社交链等。

医药协同创新网络模型,如图 2-3 所示。

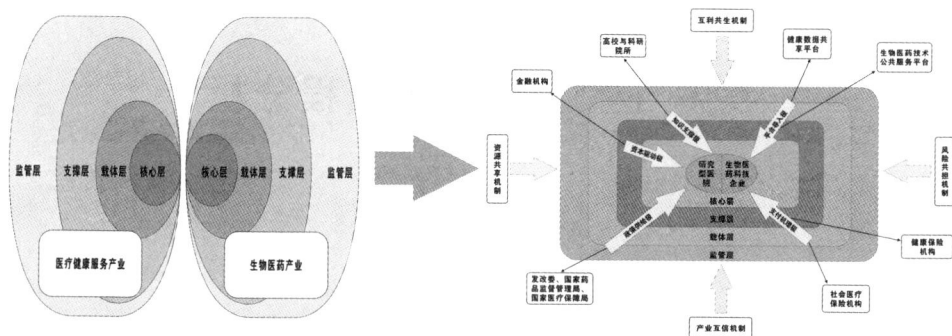

图 2-3 "医""药"协同发展与"双元—多极"医药协同创新网络模型示意图

第 3 章

我国"医""药"发展历程分析

改革开放以来,我国"医""药"均得到了快速发展。其发展主要体现在"医""药"两大产业规模的持续扩大、产业生态圈层内的主体日渐丰富,以及医疗健康服务能力的不断提升。"医""药"的快速发展离不开两者之间的协同增效作用。为此,本章将侧重从产业规模、运行特征等角度对"医""药"发展历程进行划分,从而为后续基于产业生态视角从产业、产业生态圈层、产业主体三个层面分析"医""药"协同发展奠定基础。

3.1 医疗健康服务业发展历程分析

3.1.1 1978—2001 年:市场化转型阶段

1978 年,中国共产党十一届三中全会作出了党和国家的工作重心转向以经济建设为中心的战策决策。为解决计划经济时期居民健康需求与供给之间的矛盾,改革开放后,参照经济体制改革的做法,卫生体系也开始更多地引入市场机制(孟庆跃等,2015)。在市场经济的推动下,这一阶段医疗健康服务业的发展主要呈现出以下四个特征。

一是产业规模持续扩大。这一时期,卫生总费用①经历了快速的上涨,由 1978 年的 110 亿元增加到了 2001 年的 5 026 亿元,增长了 44.69 倍,说明在市场机制的激发下我国在这一阶段医疗健康服务相关主体的供给潜能得到了极大释放,具体如图 3‑1 所示。

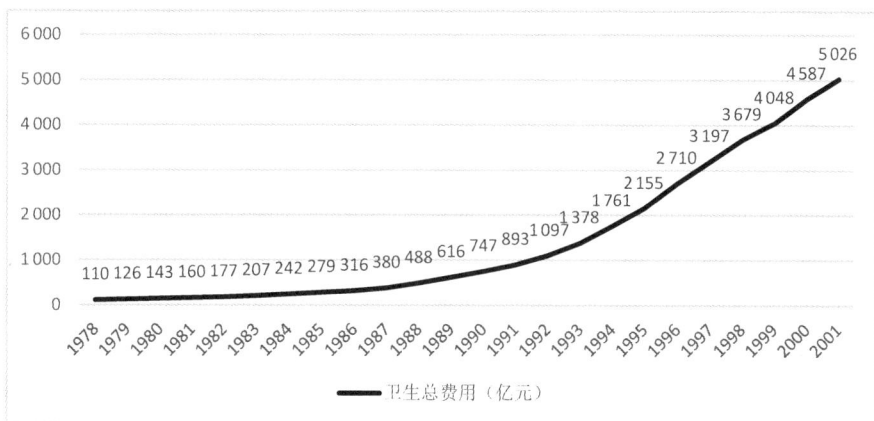

图 3‑1　1978—2001 年我国卫生总费用一览

资料来源:国家统计局网站

二是在医疗健康资源供给增长的同时服务能力持续提升。医疗健康资源供给的增长主要表现为医疗卫生机构、卫生技术人员和床位数量的持续增加;期间,医疗卫生机构诊疗人次呈轻微波动态势,而各类医疗卫生机构入院人数则呈逐年持续稳定增加态势,说明我国医疗健康服务能力总体上持续提升,具体如表 3‑1 所示。

① 卫生总费用是指一个国家或地区在一定时期内(通常是一年)全社会用于医疗卫生服务所消耗的资金总额,由政府卫生支出、社会卫生支出和个人卫生支出三部分构成。用于医疗健康服务的外延大于医疗卫生服务,其所消耗的资金的总量也是大于卫生总费用的,但由于当前用于购买医疗健康服务的数据十分零散,为简化起见,本书多处使用了卫生总费用这个相对贴近的指标用以度量医疗健康服务业的发展规模。

表 3 - 1   1978—2001 年我国医疗健康资源供给与服务能力一览

年份	医疗卫生机构数量（个）	医疗卫生技术人员（万人）	医疗卫生机构床位数（万张）	各类医疗卫生机构诊疗人次（亿次）	各类医疗卫生机构入院人数（万人）
1978	168 732	246.39	204.17	–	–
1979	176 793	264.20	212.8	–	–
1980	180 553	279.82	218.44	–	–
1981	800 205	301.10	223.4	–	–
1982	801 869	314.30	228	–	–
1983	870 686	325.30	234.2	–	–
1984	905 424	334.40	241.2	–	–
1985	978 540	341.09	248.71	–	–
1986	990 102	350.70	256.3	–	–
1987	1 012 804	360.90	268.5	–	–
1988	1 012 485	372.40	279.5	–	–
1989	1 027 522	380.90	286.7	–	–
1990	1 012 690	389.79	292.54	–	–
1991	1 003 769	398.50	299.2	–	–
1992	1 001 310	407.40	304.9	–	–
1993	1 000 531	411.70	309.9	–	–
1994	1 005 271	419.90	313.4	–	–
1995	994 409	425.69	314.06	–	–
1996	1 078 131	431.20	310	–	–
1997	1 048 657	439.80	313.5	–	–
1998	1 042 885	442.40	314.3	21.25	4 995
1999	1 017 673	445.90	315.9	20.82	5 073
2000	1 034 229	449.08	317.7	21.23	5 297
2001	1 029 314	450.80	320.1	20.87	5 464

资料来源：国家统计局网站

　　三是城镇职工社会医疗保险开始设立。1998 年《国务院关于建立城镇职工基本医疗保险制度的决定》(国发〔1998〕44 号)得以颁布,这意味着以社会医疗保险机构为代表的第三方支付开始进入我国卫生体系,从而使得既有的医疗服务供方与需方之间的关系发生了重要转变。

　　四是居民个人卫生支出比重较高。由于体制机制改革不到位,医疗机构趋利倾向日渐严重,导致卫生总费用上涨过快,这与图 3 - 1 中 1988—2001 年期间的数据相吻合;如果将 1978—2001 年期间城乡居民个人卫生支出与政府卫生支出占卫生总费用的比重进行比较,由图 3 - 2 可知,在 1978—1987 年期间,政府卫生支出占卫生总费用的比重是高于居民个人现金卫生支出的,但自 1989 年起,我国城乡居民个人现金卫生支出占卫生总费用的比重呈现持续攀升态势,而与此同时,政府卫生支出占比则呈现逐年下降的趋势,到 2001 年,居民个人现金卫生支出占卫生总费用比重已达60.0%,而政府卫生支出占比仅有 16.0%,这一趋势的出现与公共财政在卫生筹资领域的责任弱化有关(顾昕,2010)。

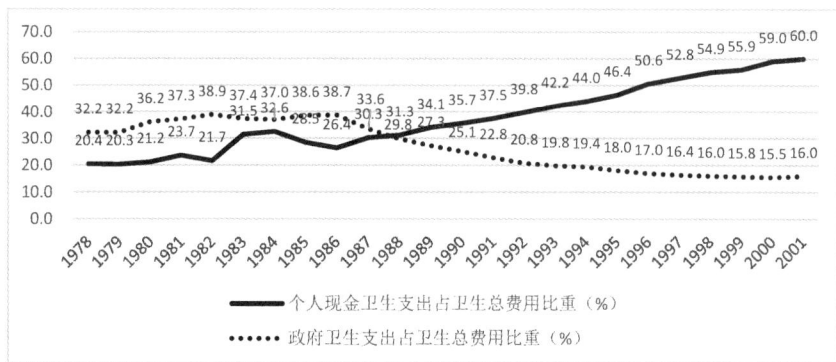

图 3 - 2　1978—2001 年我国城乡居民个人现金卫生支出与政府卫生支出占比一览

资料来源:由国家统计局网站相关数据整理而来

3.1.2　2002—2008 年:政府卫生责任进一步落实阶段

这一阶段医疗健康服务业发展主要呈现出以下四个特征。

一是产业规模继续扩大。2002—2008 年期间,我国卫生总费用仍然呈现继续增长的态势,增长速度为 1.51 倍,说明医疗健康服务业的规模仍在不断扩大,但相比 1986—2001 年期间 44.69 倍的增长速度有所放缓,详见图 3 - 3 所示。

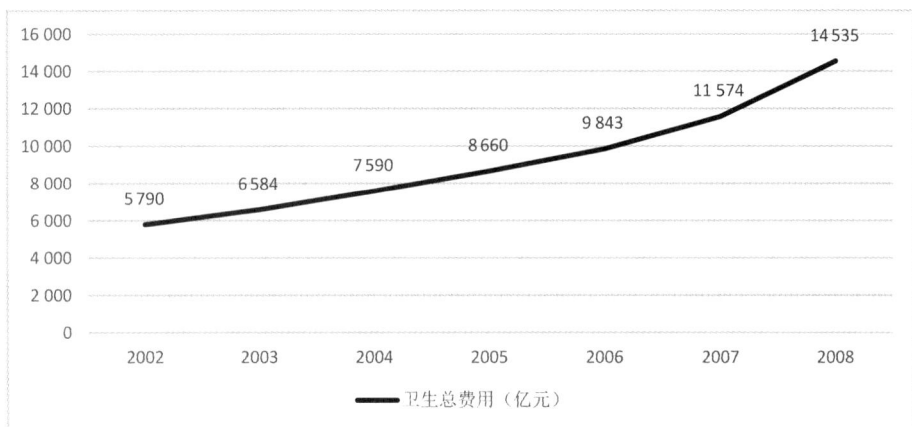

图 3 - 3　2002—2008 年我国卫生总费用一览

资料来源:国家统计局网站

二是医疗健康资源供给与服务能力持续增长。这一期间,无论是医疗健康资源的供给还是服务提供的能力,都保持了较快的增长[1],具体如表 3 - 2 所示。

---

[1]　期间医疗卫生机构数量有所波动,这可能与医疗卫生机构的调整归并有关。

表 3－2　2002—2008 年我国医疗健康资源供给与服务能力一览

年份	医疗卫生机构数量（个）	医疗卫生技术人员（万人）	医疗卫生机构床位数（万张）	各类医疗卫生机构诊疗人次（亿次）	各类医疗卫生机构入院人数（万人）
2002	1 005 004	426.98	313.61	21.45	5 991
2003	806 243	438.09	316.40	20.96	6 092
2004	849 140	448.60	326.84	22.03	6 669
2005	882 206	456.40	336.75	23.05	7 184
2006	918 097	472.83	351.18	22.47	7 906
2007	912 263	491.32	370.11	33.32	9 827
2008	891 480	517.45	403.87	49.01	11 482.81

资料来源:国家统计局网站

三是居民个人卫生支出比重逐年下降。由图 3－4 可知,自 2002 年起,我国城乡居民个人现金卫生支出占卫生总费用的比重开始逐步回落,由期初的 57.72% 下降到了 2008 年的 40.42%,下降了近 18 个百分点。与此同时,政府卫生支出的占比则由 15.69% 上升到 24.73%,增长了接近 10 个百分点,体现了政府在卫生筹资领域责任履行的决心。

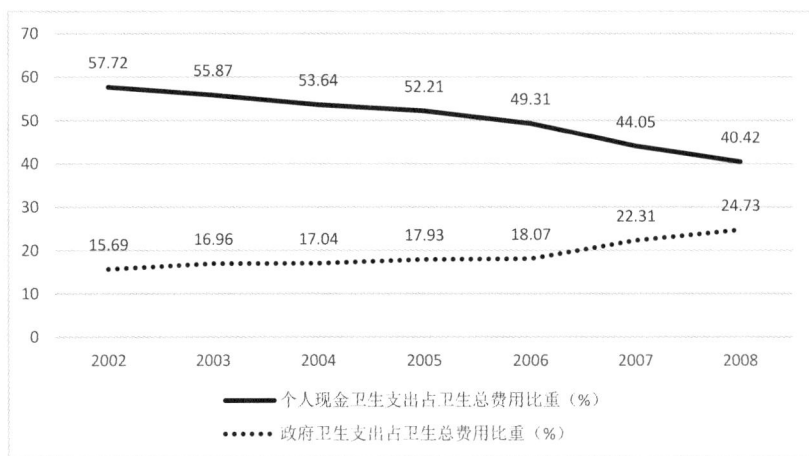

图 3－4　2002—2008 年我国个人现金卫生支出与政府卫生支出占卫生总费用的比重一览
资料来源:由国家统计局网站相关数据整理而来

四是逐步加强对公共卫生的投入与农村社会医疗保险覆盖。由于上一阶段对公共卫生的投入不足,这对我国卫生体系稳步运行构成了严峻挑战。2003年严重急性呼吸综合征(SARS)疫情在全国蔓延,有关部门开始反思卫生体系存在的问题,为此,针对卫生工作中存在的"重医轻防"、"重城轻乡"等弊端,推出了加强公共卫生服务、大力推进农村卫生建设和城市社区卫生建设等举措,2003年之后新型农村合作医疗制度亦得到了加速落实(孟庆跃等,2015)。

3.1.3　2009年至今:深化医改阶段

2009年起,新一轮医改正式启动,随后推出的一系列改革措施取得了一定成绩。具体表现在以下四个方面。

一是产业规模稳步扩大。2009年以来,我国卫生总费用较上一阶段保持了更快速度的增长,由期初的17 542亿元上升到了72 306亿元,增长速度为4.12倍,说明新医改以来,我国医疗健康服务业的发展规模上较上一阶段有了更大的提升,详见图3-5所示。

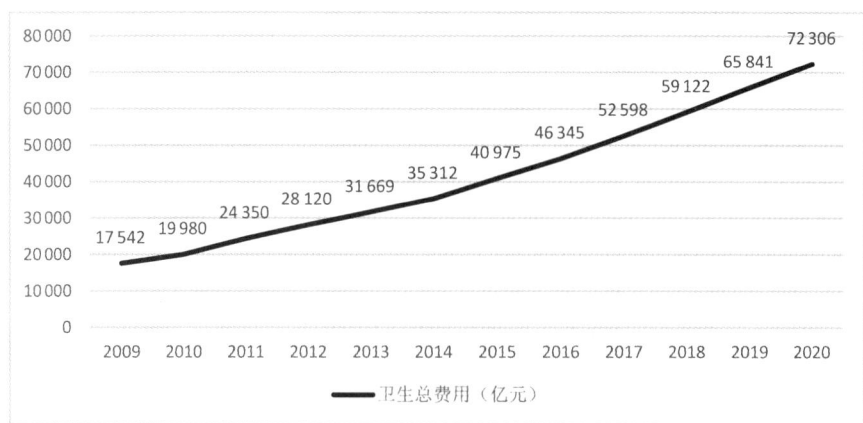

图3-5　2009—2020年我国卫生总费用一览

资料来源:由国家统计局网站相关数据整理而来

二是医疗健康资源供给与服务能力快速增长。这一阶段,无论是医疗健康资源的供给上还是服务提供的能力上,仍然保持了较快的增长,具体如表 3 - 3 所示。

表 3 - 3 2009—2020 年我国医疗卫生资源构成情况

年份	医疗卫生机构数量(个)	医疗卫生技术人员(万人)	医疗卫生机构床位数(万张)	各类医疗卫生机构诊疗人次(亿次)	各类医疗卫生机构入院人数(万人)
2009	916 571	553.51	441.66	54.88	13 256.26
2010	936 927	587.62	478.68	58.38	14 173.55
2011	954 389	620.29	515.99	62.71	15 297.65
2012	950 297	667.55	572.48	68.88	17 857.10
2013	974 398	721.06	618.19	73.14	19 215.46
2014	981 432	758.98	660.12	76.02	20 441.18
2015	983 528	800.75	701.52	76.02	21 053.80
2016	983 394	845.44	741.05	79.99	22 727.58
2017	986 649	898.82	794.03	81.83	24 435.88
2018	997 433	952.92	840.41	93.08	25 454.33
2019	1 007 533	1 015.40	880.70	87.20	26 596
2020	1 023 000	1 067.10	911.30	—	—

资料来源:国家统计局网站

三是政府卫生支出占比逐步赶超居民个人卫生支出占比。由图 3 - 6 可知,2009 年起,我国城乡居民个人现金卫生支出占卫生总费用的比重进一步回落。2009—2019 年期间,我国政府卫生支出占比虽有一定的波动,但总体上呈现出增长态势。2020 年达到 30.4%,比居民个人现金卫生支出占比的 27.7% 高出了近 3 个百分点,这也是 1988 年以来我国政府卫生支出占比较居民个人现金卫生支出占比高出最多的一年,这意味着政府在卫生筹资领域的责任进一步得到落实。

图 3-6 2009—2020 年我国个人现金卫生支出与政府卫生支出占卫生总费用的比重一览

资料来源：由国家统计局网站相关数据整理而来①

四是我国社会医疗保险制度进一步完善。从企业职工到农村居民，继而是城镇居民，十多年间我国逐步建立起了与社会主义市场经济体制相匹配的全民医疗保险制度。2013 年开始推进的城乡居民医保整合、提高统筹层次，以及 2017 年基本形成的医保异地结算制度，为推进全民医保制度适应人口流动常态化格局奠定了基础。其间，我国用 2% 左右 GDP 的医保筹资水平，负担了 96% 以上的国民近六成的医疗费用，充分展现了一个发展中大国的治理水平(朱恒鹏，2020)。

3.2 生物医药产业发展历程分析

改革开放以来，我国生物医药产业的发展虽在初期依然带有计划经济

---

① 其中 2020 年数据由《2020 年我国卫生健康事业发展统计公报》提炼而来。由于两个资料来源的小数点位数取舍标准不同，故 2020 年占比数据仅有一位小数点。

时期的烙印,但随后基本上与"医"的发展保持了同步。尤其是在当前发展阶段下,两者均面临着在环境剧烈变化的大背景下如何通过提升运行效率、加强创新以寻找突破口的挑战与契机。故而,从"医""药"发展阶段上也在一定程度上印证了我国"医""药"协同发展的必然趋势。

3.2.1　1978—1988 年:产业规范形成阶段

1949 年以来,我国生物医药产业内的企业均归国有,1978 年后依然延续了这一管理体制,但在分管部门上有所变动。1978 年起,化学制药与生物制药企业由分别归属原化工部与原商业部管理转变为归商业部统一管理,并取得了一定成效:1988 年工业总产值为 4.99 亿元,比 1978 年的 1.22 亿元翻了两番,平均年递增率达 14.56%(袁勤生,2009)。1986 年 2 月,原国家医药管理局提出要根据医药事业发展,有计划地加强中药学、制剂学、生物工程、制药工程等学科专业的建设(张立立,苏竣,2021),自此我国生物医药产业发展逐步迈向规范化发展时期。

3.2.2　1989—2004 年:作为高新技术产业启动阶段

随着原国家科委"火炬计划"[①]的推进,生物医药产业园区作为国家高新技术产业开发区的重要组成部分逐渐开始建立。1992 年颁布的《国家中长期科学技术发展纲领》(国发〔1992〕18 号)更是首次把生物医药产业归为高新技术产业。这一期间,国家与有关部门虽对我国的生物医药产业发展给出了清晰的定位,但因其发展尚处于新兴产业的启动阶段,因而主要呈现以下三个方面的特征:

一是产业发展规模较小。这一期间,我国生物医药产业规模较小,具体

[①] 火炬计划(China Torch Program)是一项发展中国高新技术产业的指导性计划,于 1988 年 8 月经国务院批准,由科学技术部(原国家科委)组织实施。火炬计划的宗旨是:实施科教兴国战略,贯彻执行改革开放的总方针,发挥我国科技力量的优势和潜力,以市场为导向,促进高新技术成果商品化、高新技术商品产业化和高新技术产业国际化。

表现为产业主营业务收入较低,到 2004 年时刚刚超过 200 亿元,利润总额未超过 300 亿,而期间主营业务收入与利润总额存在较大的波动,具体如表 3-4 所示。

表 3-4　1989—2019 年生物医药产业相关数据一览

年份	主营业务收入(亿元)	利润(亿元)	R&D 经费内部支出(亿元)	科技活动筹措额(亿元)	专利申请数(件)	专利授权数(件)	专利数(件)	新产品开发经费支出(亿元)	新产品销售收入(亿元)
1989	—	—	—	—	—	—	—	—	—
1990	—	—	—	2.97	—	—	—	—	—
1991	—	—	—	2.97	—	—	—	—	—
1992	—	—	—	4.19	2	1	3	—	—
1993	—	—	—	4.58	3	2	5	—	—
1994	—	—	—	8.78	8	6	14	—	—
1995	42.9	6.77	0.27	5 103	9	6	15	0.28	1.89
1996	85.39	17.48	0.42	5 780	19	17	36	0.29	0.92
1997	130.61	15.9	0.71	20 168	6	6	12	0.33	1.69
1998	1 372.73	77.44	0.52	13 945	13	9	22	0.44	4.31
1999	1 497.22	101.46	0.85	20 915	22	22	44	1.12	5.60
2000	1 781.37	323.30	1.66	36 925	25	20	45	1.59	9.60
2001	2 040.86	168.05	2.13	41 011	43	27	70	1.42	15.47
2002	2 279.98	201.42	1.68	41 206	78	46	124	1.78	19.28
2003	2 750.68	259.64	1.52	37 831	73	59	132	1.59	21.53
2004	3 213.00	279.55	1.68	30 102	161	87	248	1.52	18.02
2005	3 139.19	264.31	2.29	41 469	324	98	422	2.84	17.13
2006	4 718.82	372.55	3.06	57 120	220	103	323	3.33	22.18
2007	5 967.13	581.28	5.52	90 387	243	181	424	5.16	47.61
2008	7 402.33	792.9	12.17	117 984	233	145	378	15.42	71.97

（续表）

年份	主营业务收入（亿元）	利润（亿元）	R&D经费内部支出（亿元）	科技活动筹措额（亿元）	专利申请数（件）	专利授权数（件）	专利数（件）	新产品开发经费支出（亿元）	新产品销售收入（亿元）
2009	9 087.00	993.96	18.32	–	260	183	443	21.90	168.89
2010	11 417.30	1 331.09	13.28	–	330	192	522	14.01	138.77
2011	14 484.38	1 606.02	29.34	–	395	252	647	33.76	273.72
2012	17 337.67	1 865.89	45.10	–	480	245	725	49.55	255.28
2013	20 529.53	2 071.67	53.73	–	435	263	698	59.63	326.66
2014	23 350.33	2 382.47	65.38	–	444	270	714	72.26	423.28
2015	25 729.53	2 717.35	74.88	–	577	276	853	76.15	492.57
2016	28 206.11	3 114.99	83.19	–	572	214	786	82.72	580.71
2017	27 116.57	3 324.81	89.25	–	591	148	739	101.58	623.54
2018	24 264.7	3 094.2	95.06	–	840	179	1019	108.39	646.93
2019	23 884.2	3 184.2	122.69	–	616	82	698	144.10	730.63

资料来源：由《中国统计年鉴》《中国高技术产业统计年鉴》《中国科技统计年鉴》、IncoPat 科技创新情报平台相关数据整理而来①

　　这一期间产业利润呈正负增长交错并现的波动特征，利润负增长的年份分别是 1997 年和 2001 年，主营业务收入则持续保持正增长趋势，并且自2000 年开始增长率维持在 10% 以上，具体如图 3-7 所示。

---

①　①2019 年数据为目前最新可见数据；②表中专利申请数、专利授权数、专利数等三列数据来自 IncoPat 数据库；③表中 1989—1997 年数据来自《中国科技统计年鉴》；1998—2019 年数据来自《中国高技术产业统计年鉴》，2018 年该刊因故停刊一年，故当年相关数据取自同年的《中国科技统计年鉴》。

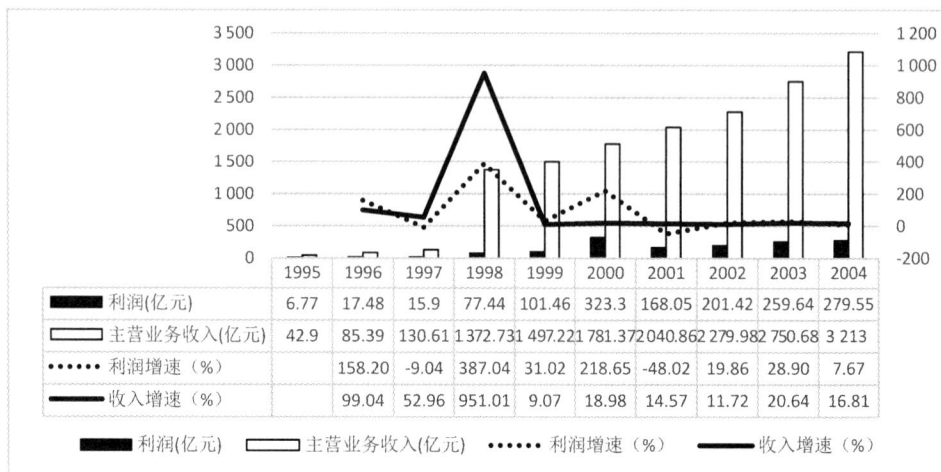

图 3-7   1995—2004 年我国生物医药产业主营业务收入、利润规模及其增速一览

资料来源：由 1996—2005 年《中国科技统计年鉴》数据整理而来①

　　二是产业整体研发投入较低与创新能力较弱并存。从产业整体研发投入来看，这一期间 R&D 经费支出、科技活动筹措额、新产品开发经费支出等产业研发投入性指标保持了较低的增长水平；从产业整体创新能力来看，专利申请与专利授权数量均未超过 200 件，且由新产品带来的销售收入增长低且不稳定，其间最高年份的 2003 年与最低年份的 1996 年，新产品销售收入分别为 21.53 亿元与 0.92 亿元，两者相差竟达 20.61 亿元。然而，即便是在新产品销售收入最高的年份，这一数额仍未超过 1998—2004 年任意一年的利润总额，具体如表 3-4 所示。

　　三是药械创新产品少见。这一期间，在专利申请、授权专利数量均较低的情况下，产业创新成果的质量也不容乐观，主要表现是产业内未能出现高质量的创新药械产品。同时，由于大量获批的仿制药中掺杂了一些低劣的品种，致使国内药械产品自此被打上了"疗效差""低仿"的不利标签（麦丽

---

① 1995 年以前生物医药产业主营业务收入、利润等数据未在公开渠道获得，故这一阶段的主营业务收入、利润及其增速情况只选择了 1995—2004 年期间的数据。

谊,2017)。

3.2.3 2005—2011 年:产业规模高速发展阶段

2005 年以后,国家有关部门进一步加大了对生物医药产业的培育力度:发改委共批准建立了四批共计 22 个国家生物医药产业基地;财政部门也加大了对该产业的扶持力度(赵贵英,2008)。在诸多政策红利的推动下,市场主体在推进产业发展中表现得十分踊跃。这一阶段生物医药产业发展主要表现为以下三个方面的特征。

一是产业规模增速迅猛。这一期间,我国生物医药产业的主营业务收入与利润总额增长迅速,二者的平均增速分别为 24.83% 与 29.70%,具体如图 3-8 所示。同时,随着诸多国外药械产品专利的过期,国内药械企业开始大规模开发生产仿制药,这也为提振产业主营业务收入创造了有利时机。

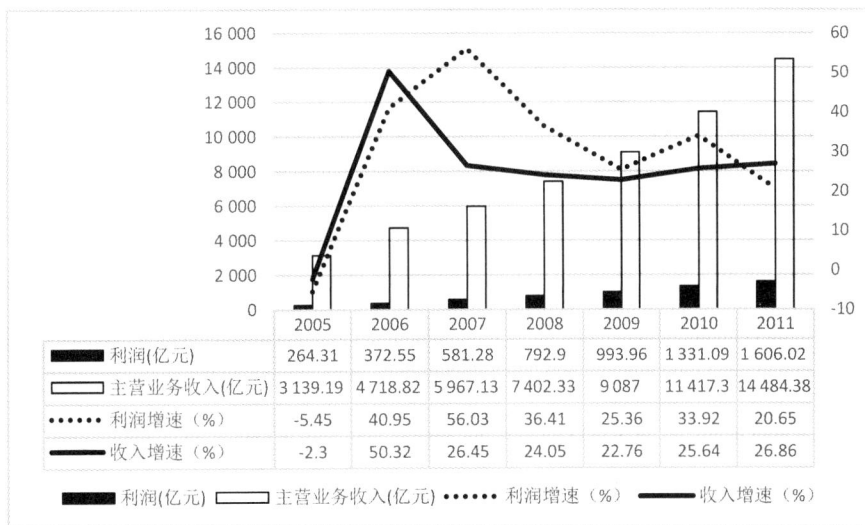

	2005	2006	2007	2008	2009	2010	2011
■利润(亿元)	264.31	372.55	581.28	792.9	993.96	1 331.09	1 606.02
□主营业务收入(亿元)	3 139.19	4 718.82	5 967.13	7 402.33	9 087	11 417.3	14 484.38
⋯⋯利润增速(%)	-5.45	40.95	56.03	36.41	25.36	33.92	20.65
——收入增速(%)	-2.3	50.32	26.45	24.05	22.76	25.64	26.86

图 3-8 2005—2011 年我国生物医药产业主营业务收入、利润规模及其增速一览

资料来源:由 2006—2012 年《中国科技统计年鉴》数据整理而来

二是产业整体研发实力有所增强。从产业整体研发投入来看,2005—

2011年,我国生物医药产业研发投入大幅增加,R&D经费支出年均增幅达59.25%,尽管2010年受药品生产质量管理规范(Good Manufacturing Practice,GMP)认证政策修订的影响,当年产业R&D经费内部支出、新产品销售收入等指标出现了短暂下滑,但在2011年又迅速回升;从产业整体创新能力来看,新产品的销售收入也以57.78%的年均增幅持续上扬,平均年利润增速为37.64%,专利申请数量年均增幅达19.10%,从而呈现出产业研发投入与产出齐头并进的良好局面。

三是产业集群趋势开始显现。到2010年,我国生物医药产业集群已初现端倪,逐步形成了以长三角、环渤海为核心,珠三角、东北等沿海地区集聚发展的总体产业空间集聚格局(刘光东等,2011),并产生了一批以上海张江高技术园区、北京中关村生命科学园、武汉光谷生物医药产业园等为代表的全国知名生物医药产业园区。

3.2.4 2012年至今:产业调整阶段

产业的快速发展也带来了重复建设、资源分散、产业链条过短等问题(王帅,陈玉文,2012),为此,有关部门开始加大对生物医药产业的监管力度。另一方面,随着医改的不断深入,卫生与医保部门先后推出了药品零加成、"限抗令"、控制药品回扣、药品集中招标采购、开展药品一致性评价、控制药占比、缩短平均住院日、启动DRGs支付试点等一系列举措,这对生物医药产业发展构成挑战。至此,生物医药产业发展进入了一个全新阶段,具体特征表现如下。

一是主营业务收入与利润增速持续放缓。早在2009年,生物医药产业就经历了一次主营业务收入与利润双降的情况,但随后于2010年又得到了恢复。但自2012年起,产业内企业无论是主营业务收入还是利润增速都经历了较大幅度的调整,从图3-9来看,2012—2016年期间,主营业务收入在经历了连续5年的持续增长后开始出现下降趋势,而主营业务收入增速则出现了连续 7 年的下滑,甚至在 2017、2018 年还出现了较为明显的负增长①,直到 2019 年主营业务收入增速才略有回升,这可能与持续推进的药品集中招标采购数量的增加有关;在利润方面,业内利润总额虽保持了平均 9.20%的增长速度,但较上一阶段的 29.70%则明显呈现出增速放缓的态势,具体如图 3 - 9 所示。

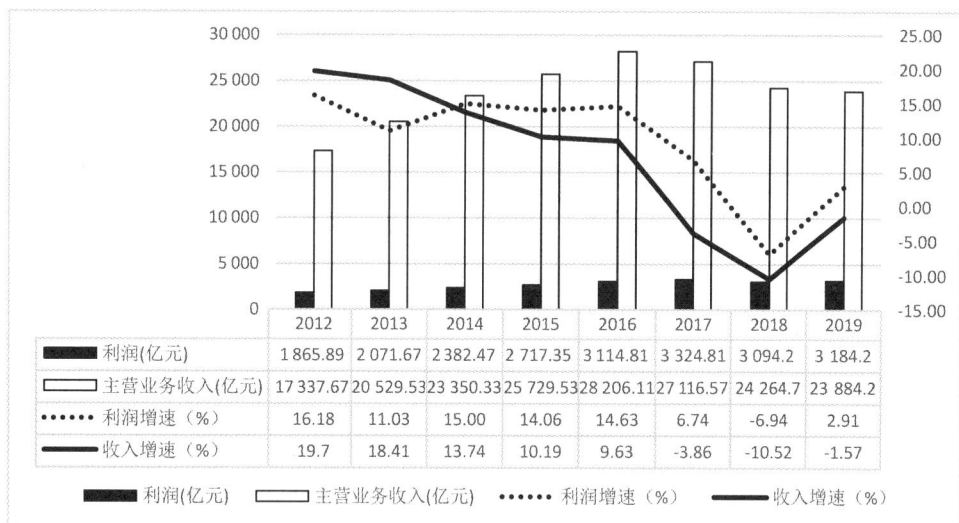

	2012	2013	2014	2015	2016	2017	2018	2019
■利润(亿元)	1 865.89	2 071.67	2 382.47	2 717.35	3 114.81	3 324.81	3 094.2	3 184.2
□主营业务收入(亿元)	17 337.67	20 529.53	23 350.33	25 729.53	28 206.11	27 116.57	24 264.7	23 884.2
·····利润增速（%）	16.18	11.03	15.00	14.06	14.63	6.74	-6.94	2.91
——收入增速（%）	19.7	18.41	13.74	10.19	9.63	-3.86	-10.52	-1.57

图 3 - 9 2012—2019 年我国生物医药产业主营业务收入、利润规模及其增速一览

资料来源:根据 2013—2020 年《中国科技统计年鉴》数据整理而来

二是产业整体研发实力有所增强。从产业整体研发投入来看,2011—2019 年,我国生物医药产业研发投入秉承上阶段的特征,继续大幅增加,R&D 经费支出年均增幅达 20.38%,专利申请量年均增幅达 7.75%。从产业整体创新能力来看,新产品的销售收入以 13.64%的年均增速持续上扬,平均年利润增速为 9.53%,说明加强研发给产业收入增长的贡献日趋显著。

三是政策导向发生重大转变。具体表现为:①将药械产品研发与生产

---

① 2018 年的主营业务收入负增长尤为明显,竟然达到-10.52%。

环节"解绑"以激发创新活力。2015 年 8 月,国务院发布《关于改革药品医疗器械审评审批制度的意见》,提出推进药品上市许可人制度。通过将上市许可与生产许可"解绑",促使我国药品注册制度向"上市许可持有人制度"转型。同年 11 月,全国人大常委会授权国务院在北京、天津、河北、上海、江苏、浙江、福建、山东、广东、四川 10 个省市开展药品上市许可持有人制度试点。以药品上市许可持有人制度试点为突破口,拉开了药品注册制度改革的帷幕。2016 年 6 月,国务院办公厅发布《关于印发药品上市许可持有人制度试点方案的通知》。2017 年 12 月,原上海市食品药品监督管理局发布并实施了《中国(上海)自由贸易试验区内医疗器械注册人制度试点工作实施方案》,这标志着医疗器械注册人制度正式出台。这些制度有效降低了研发人员主动开展药械产品创新的门槛,减少了生产环节的重复建设,有利于优化产业资源配置,从而有效激发了药械研发人员的创新热情。②通过加快审批程序缩短创新药械产品的上市周期。早在 2017 年原食品药品监督管理总局便发布了《关于鼓励药品创新实行优先审评审批的意见》,随后 2020 年为配合《药品注册管理办法》实施,国家药品监督管理局又组织制定了《突破性治疗药物审评工作程序(试行)》《药品附条件批准上市申请审评审批工作程序(试行)》《药品上市许可优先审评审批工作程序(试行)》等有利于加快创新药械审批的政策,这对企业加快将研发投入变现具有积极作用。③对仿制药的管控不断升级。尽管仿制药可降低药械产品的成本,并有助于医保、医疗卫生机构完成控费目标,但由于一些仿制药疗效不佳的形象给医疗卫生机构、医师、居民带来不信任感。而且,很长一段时期以来由于部分企业仅通过生产仿制药便可生存甚至发展,在一定程度上抑制了这些企业研发投入的热情①。自 2015 年以来,有关部门先后出台了一系列促进创新药研发和仿制药质量提升的政策。如在《关于改革药品医疗器械审评审批制度

①　前瞻产业研究院官网数据显示,以 2017 年为例,我国共有 4000 多家原料药和制剂生产企业,其中 90%以上都是仿制药企业。在近 17 万个药品批号中,95%以上都是仿制药。

的意见》中明确指出加快仿制药一致性评价。国家药品监督管理局也随即发出《关于 2018 年底前须仿制药质量和疗效完成一致性评价品种批准文号信息》,要求 2018 年底前须完成 289 种常用仿制药的一致性评价,没有通过的将注销药品批准文号。自此,我国仿制药的发展开始进入以质量取胜的新阶段。

第 4 章

产业生态圈层体系下的"医""药"相关行动者分析

　　"医""药"在大健康产业中的功能定位各有侧重：前者重在为居民提供医疗卫生、健康管理、康复护理、保健养生等医疗健康服务，后者则重在为医疗卫生与健康管理等机构、居民提供药械产品等。随着产业的不断发展，"医""药"各自的系统内部业已形成了门类多元、规模庞大的行动者。为了分类把握、系统分析这些行动者的特征与运行现状，本章联系产业生态理论，在对其归类、定位的基础上，依照行动者与"医""药"产业目标关联的直接性程度，分别将"医""药"中的行动者集合划分为核心、支撑、载体、监管层等四个产业生态圈层。在应然状态下，"医""药"各产业生态圈层内的行动者当各司其职、相互协作而形成协同效应，从而共同为产业目标的实现做出积极贡献。

4.1　"医""药"产业生态圈层体系分析

4.1.1　"医"的产业生态圈层体系分析

　　随着居民对健康服务需求的日益增长，我国医疗健康服务业也呈现出覆盖面广、增长速度快、主体丰富化等基本格局。根据相关行动者集合对居

民医疗健康服务需求满足的关联直接性程度,本书将"医"的产业生态圈层
体系划分为核心、支撑、载体以及监管等四个部分,如图 4 - 1 所示。

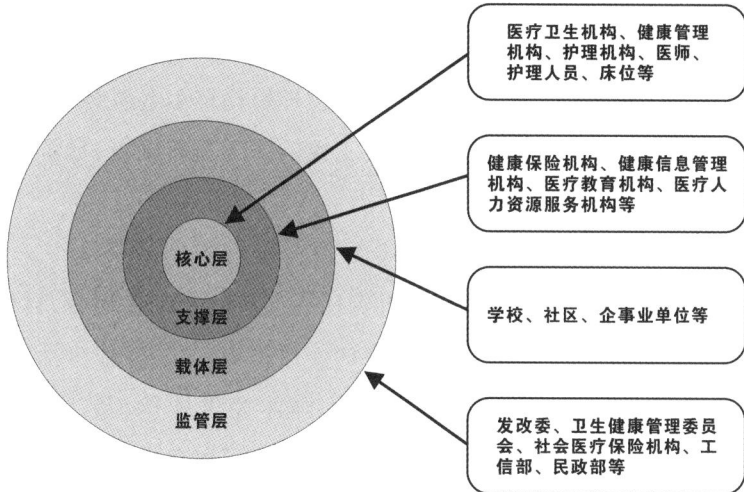

图 4 - 1　"医"的产业生态圈层结构示意图

1)核心层

核心层是指直接为居民提供医疗卫生、健康管理等服务的行动者集合,
其核心目标在于提升居民的健康水平。核心层的行动者集合大体上可分为
三类:一是提供医疗卫生服务的各级、各类机构,如医院、基层医疗卫生机
构、专业公共卫生机构等人类行动者;二是提供健康管理、康复保健服务的
各类机构,如健康管理机构、体检中心、康复护理中心、养老机构、疗养院以
及健身中心等人类行动者;三是上述机构中提供用于诊断、诊疗、健康管理、
康复保健等服务的非人类行动者,如医疗卫生机构中的床位、CT 机、彩色多
普勒诊断仪等。

2)支撑层

支撑层是指为促进核心层功能充分发挥而提供支持的各类行动者集
合。支撑层中的行动者大体可分为三类:一是为核心层相关行动者服务效

率提升提供支持的人类行动者,如为医疗卫生机构提供信息化支持的健康信息管理服务机构、提供人才中介服务的医疗人力资源服务机构等;二是为核心层功能实现提供资源支持的人类行动者,如对诊疗、健康管理服务与药械产品提供保险支付的健康保险机构、为医疗卫生机构的高质量发展提供资金支持的金融机构、为医疗卫生与健康管理机构培养各级各类人才的高等院校等;三是为核心层功能发挥提供支撑的非人类行动者,如资金、社会医疗保险基金等。

3)载体层

载体层是指对居民健康水平负有责任或义务的行动者集合,具体包括三类:一是企事业单位。出于履行工会的使命担当、改进工作生活质量、提升工作效率等目的,企事业单位向职业群体提供体检、员工保障计划(Employee Assistance Program,EAP)等健康管理服务。二是各级学校等教育机构。根据各级教育、卫生部门的要求,幼儿园、小学、中学、大学、职业技术学校等教育机构面向幼儿、儿童、青少年、青年等在校学生或职前群体提供健康管理服务。三是社区与乡村。为履行社区或乡村治理的使命,社区或乡村居委会、社区服务机构、社会公益组织等面向老年群体展开健康教育、健康咨询、医养结合或老年长期照护等健康管理服务。

4)监管层

监管层是指能够发挥引导作用、规范医疗健康服务业相关主体协调发展的行动者集合。一是监管机构,如卫生健康委员会、国家医疗保障局、国家市场监督管理总局等人类行动者;二是社会组织,如医疗卫生行业协会、医师协会等人类行动者,旨在实现行业自律;三是政策、法律规章以及行业标准等,作为非人类行动者的法律规章、行业标准具有规范主体行为、调节社会关系的作用。

4.1.2 "药"的产业生态圈层体系分析

随着我国人口老龄化程度的加剧、居民健康需求的不断提升,我国生物医药产业发展规模日益扩大。作为医疗健康服务业的上游产业,生物医药产业的最终产出应当是药品、医疗器械等。同时,随着非处方药、移动可穿戴设备、家用诊疗设备的日益普及,生物医药产业中最终产品的提供企业也开始面向居民提供药品或医疗器械。为此,根据行动者与药品、医疗器械等最终产品提供的直接关联性程度,本书将"药"的产业生态圈层基本结构也划分为核心、支撑、载体以及监管四个圈层,如图 4-2 所示。

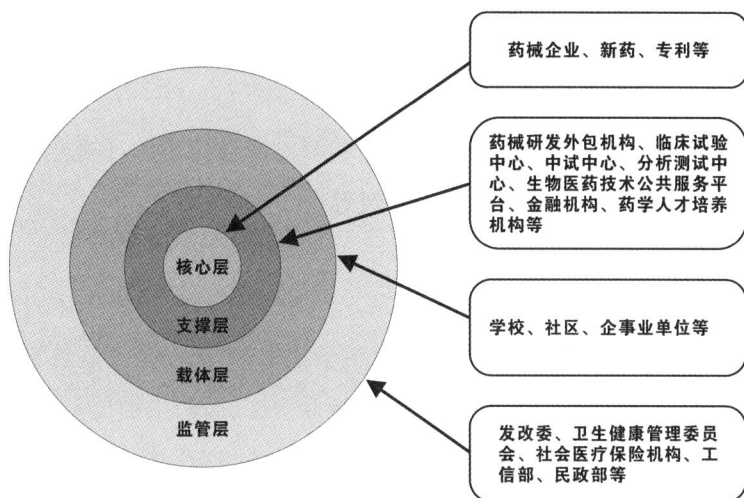

图 4-2 生物医药产业圈层结构图

1)核心层

核心层是指为医疗卫生机构、健康管理机构以及居民提供药品或医疗器械的企业与这些产品的集合。从大类上可分为三类:一是生物医药企业。根据药品的分类,又可分为中药、化学药、生物制品等三类制药企业。二是医疗器械企业。根据医疗器械产品的风险程度高低,可将医疗器械企业划分为一类、二类、三类生产或经营企业,其中三类医疗器械风险程度最高,二类次之,一类风险程度最低。三是药械产品等。如果说生物医药企业、医疗器械企业是"药"核心层中的人类行动者,那么药械产品、保健产品等则是其中的非人类行动者。

2）支撑层

与"医"的支撑层功能一致，"药"的支撑层是为促进其核心层功能充分发挥而提供支持的各类行动者集合。支撑层中的行动者大体可分为三类：一是为核心层相关主体服务效率提升提供支持的行动者，如生物医药研发外包机构、提供人才中介服务的医药人力资源服务机构等；二是为核心层功能实现提供资源支持的行动者，如为药械企业研发提供资金支持的金融机构、为药械企业提供资源共享的生物医药技术公共服务平台等；三是为核心层功能发挥提供支撑的非人类行动者，如资金、社会医疗保险基金等。

3）载体层

载体层是指对生物医药产业目标实现具有承载作用的行动者集合。如生物医药产业园区、新药社区、城乡居民等。

4）监管层

监管层是指能够发挥引导作用、规范生物医药产业相关主体协调发展的行动者集合。一是监管机构，如国家科学技术部、国家药品监督管理局等人类行动者；二是社会组织，如生物医药行业协会、医药生物技术协会等，旨在实现行业自律；三是政策、法律规章以及行业标准等，相关监管部门或行业协会通过出台一系列法律规章或行业标准以规范主体行为、调节社会关系。

4.2 "医""药"核心层的相关行动者分析

4.2.1 "医"的核心层相关行动者分析

1）医疗卫生机构

医疗卫生机构指从卫生行政部门取得《医疗机构执业许可证》，或从民政、工商行政、机构编制管理部门取得法人单位登记证书，为社会提供医疗保健、疾病控制、卫生监督服务或从事医学科研和医学在职培训等职责的单

位。作为直接向居民提供医疗健康服务的人类行动者,医疗卫生机构包括
医院、基层医疗卫生机构、专业公共卫生机构和其他医疗卫生机构。

截至 2020 年,我国共有各级各类医疗卫生机构 1 023 000 个,其中医院
35 000 个,基层医疗卫生机构 971 000 个以及专业公共卫生机构 14 000 个,
具体如表 4 - 1 所示。

表 4 - 1　1978—2020 年我国医疗卫生机构基本情况一览

年 份	医疗卫生机构数(个)	其 中 ♯ 医 院(个)	其 中 ♯ 基层医疗卫生机构(个)	其 中 ♯ 专业公共卫生机构(个)	其 中 ♯ 其他医疗卫生机构(个)
1978	169 732	9 293	-	-	-
1979	176 793	9 746	-	-	-
1980	180 553	9 902	-	-	-
1981	800 205	10 252	-	-	-
1982	801 869	10 471	-	-	-
1983	870 686	10 901	-	-	-
1984	905 424	11 381	-	-	-
1985	978 540	11 955	-	-	-
1986	999 102	12 442	-	-	-
1987	1 012 804	12 962	-	-	-
1988	1 012 485	13 544	-	-	-
1989	1 027 522	14 090	-	-	-
1990	1 012 690	14 377	-	-	-
1991	1 003 769	14 628	-	-	-
1992	1 001 310	14 889	-	-	-
1993	1 000 531	15 436	-	-	-
1994	1 005 271	15 595	-	-	-
1995	994 409	15 663	-	-	-
1996	1 078 131	15 833	-	-	-
1997	1 048 657	15 944	-	-	-
1998	1 042 885	16 001	-	-	-

（续表）

年 份	医疗卫生机构数（个）	其 中 ♯ 医 院（个）	其 中 ♯ 基层医疗卫生机构（个）	其 中 ♯ 专业公共卫生机构（个）	其 中 ♯ 其他医疗卫生机构（个）
1999	1 017 673	16 678	—	—	—
2000	1 034 229	16 318	1 000 169	11 386	6 356
2001	1 029 314	16 197	995 670	11 471	5 976
2002	1 005 004	17 844	973 098	10 787	3 275
2003	806 243	17 764	774 693	10 792	2 994
2004	849 140	18 393	817 018	10 878	2 851
2005	882 206	18 703	849 488	11 177	2 838
2006	918 097	19 246	884 818	11 269	2 764
2007	912 263	19 852	878 686	11 528	2 197
2008	891 480	19 712	858 015	11 485	2 268
2009	916 571	20 291	882 153	11 665	2 462
2010	936 927	20 918	901 709	11 835	2 465
2011	954 389	21 979	918 003	11 926	2 481
2012	950 297	23 170	912 620	12 083	2 424
2013	974 398	24 709	915 368	31 155	3 166
2014	981 432	25 860	917 335	35 029	3 208
2015	983 528	27 587	920 770	31 927	3 244
2016	983 394	29 140	926 518	24 866	2 870
2017	986 649	31 056	933 024	19 896	2 673
2018	997 433	33 009	943 639	18 033	2 752
2019	1 007 579	34 354	954 390	15 958	2 877
2020	1 023 000	35 000	971 000	14 000	3 000

资料来源：国家统计局网站①

---

① 自 2007 年开始，医院统计范围按照新的《2007 国家卫生统计调查制度》统计，不再包括社区卫生服务中心、妇幼保健院和专科防治院；② 医院包括综合医院、中医医院、中西医结合医院、民族医院、各类专科医院和护理院，不包括专科疾病防治院、妇幼保健院和疗养院；基层医疗卫生机构包括社区卫生服务中心、社区卫生服务站、街道卫生院、乡镇卫生院、村卫生室、门诊部、诊所（医务室）。

　　从纵向上看,我国医疗卫生机构数量自 1978 年起经历了 10 年的快速增长,从 1978 年的 169 732 个增加到了 1987 年的 1 012 804 个。自 1988 年起,我国医疗卫生机构数量呈波动下降趋势,2003 年下降至最低,仅为806 243 个。随后,医疗卫生机构数量呈波动上升趋势,并于 2020 年达到1 023 000 个。值得注意的是,由 1978 年至今,我国医院数量呈现稳步上升态势,由 1978 年的 9 293 个上升到了 2020 年的 35 000 个,两者的倍数关系为 1∶3.77。此外,我国基层医疗卫生机构的数量于 2000 年起经历了连续4 年的下滑后,于 2003 年开始出现稳步上升,并一直持续持至今。2003 年与2020 年基层医疗卫生机构数量的倍数关系是 1∶1.25,这一趋势可能与有关部门推出的"强基层""促进医疗资源下沉"等举措有关。

　　从横向上看,2020 年河北在医疗机构的总数上独占鳌头,以 834 651 个医疗卫生机构数雄踞全国榜首,相比之下,宁夏的医疗卫生机构数最少,仅为 4 397 个;在医院、基层医疗卫生机构、专业公共卫生机构数量上,山东、河北、甘肃三省分别以 2 615、81 790、1 124 的数量位居榜首。具体如表 4 - 2所示。

表 4 - 2　2020 年我国医疗卫生机构分布情况一览

地区	医疗卫生机构数(个)	其中 ♯ 医院	其中 ♯ 基层医疗卫生机构	其中 ♯ 专业公共卫生机构
北京市	10 336	664	9 416	108
天津市	5 962	441	5 348	95
河北省	84 651	2 120	81 790	662
山西省	42 162	1 405	40 249	445
内蒙古自治区	24 564	794	23 238	466
辽宁省	34 238	1 364	32 275	456
吉林省	22 198	797	20 917	377

（续表）

地区	医疗卫生机构数（个）	其中 ♯ 医 院	其中 ♯ 基层医疗卫生机构	其中 ♯ 专业公共卫生机构
黑龙江省	20 375	1 144	18 478	704
上海市	5 597	374	5 021	106
江苏省	34 796	1 941	31 821	685
浙江省	34 119	1 372	32 145	403
安徽省	26 435	1 241	24 558	544
福建省	27 788	677	26 596	421
江西省	37 029	807	35 398	742
山东省	83 616	2 615	79 825	973
河南省	70 734	1 974	67 561	1 013
湖北省	35 515	1 035	33 919	491
湖南省	57 230	1 616	54 859	694
广东省	53 900	1 631	51 064	1 018
广西壮族自治区	33 679	678	31 853	1 109
海南省	5 417	246	5 057	105
重庆市	21 057	846	20 001	150
四川省	83 756	2 417	80 500	716
贵州省	28 511	1 340	26 806	327
云南省	25 587	1 376	23 638	526
西藏自治区	6 940	156	6 635	147
陕西省	35 404	1 208	33 619	494
甘肃省	26 697	719	24 761	1 124
青海省	6 513	220	6 114	176
宁夏回族自治区	4 397	219	4 077	90
新疆维吾尔自治区	18 376	917	16 851	591

资料来源：国家统计局网站

2)卫生技术人员与护理人员

卫生技术人员与护理人员是医疗卫生或健康管理机构内直接为居民提供服务[1]的人员。截至 2020 年,我国共有卫生技术人员 1 067.1 万人,其中执业(助理)医师 408.2 万人,注册护士数 470.7 万人,具体如表 4-3 所示。

表 4-3　1978—2020 年我国卫生技术人员与护理人员基本情况一览

年 份	卫生技术人员数(万人)	每万人拥有卫生技术人员数(人)	执业(助理)医师数(万人)	每万人拥有执业(助理)医师数(人)	注册护士数(万人)	每万人拥有注册护士数(人)
1978	246.4	–	97.8	11	40.5	–
1979	264.2	–	108.8	12	42.1	–
1980	279.8	–	115.3	14	46.6	–
1981	301.1	–	124.4	13	52.5	–
1982	695.4	–	130.7	14	66.8	–
1983	325.3	–	135.3	15	70.4	–
1984	334.4	–	138.1	16	71.6	–
1985	341.1	–	141.3	16	63.7	–
1986	350.7	–	144.4	16	68.1	–
1987	360.9	–	148.2	16	71.8	–
1988	372.4	–	161.8	16	82.9	–
1989	380.9	–	171.8	16	92.2	–
1990	389.8	–	176.3	16	97.5	–
1991	398.5	–	178.0	16	101.2	–
1992	407.4	–	180.8	17	104.0	–
1993	411.7	–	183.2	17	105.6	–
1994	419.9	–	188.2	17	109.4	–
1995	425.7	36	191.8	17	112.6	10

---

[1]　这里的"直接提供服务"主要与这些机构内的管理人员相区别,如院长、副院长、党委书记等。

（续表）

年　份	卫生技术人员数（万人）	每万人拥有卫生技术人员数（人）	执业（助理）医师数（万人）	每万人拥有执业（助理）医师数（人）	注册护士数（万人）	每万人拥有注册护士数（人）
1996	431.2	36	194.1	17	116.3	10
1997	439.8	37	198.5	15	119.8	10
1998	442.4	36	200.0	15	121.9	10
1999	445.9	36	204.5	16	124.5	10
2000	449.1	36	207.6	16	126.7	10
2001	450.8	36	210.0	16	128.7	10
2002	427.0	34	184.4	16	124.7	10
2003	438.1	35	194.2	17	126.6	10
2004	448.6	35	199.9	17	130.8	10
2005	456.4	35	204.2	18	135.0	10
2006	472.8	36	209.9	18	142.6	11
2007	491.3	37	212.3	19	155.9	12
2008	517.4	39	220.2	20	167.8	13
2009	553.5	42	232.9	21	185.5	14
2010	587.6	44	241.3	22	204.8	15
2011	620.3	46	246.6	23	224.4	17
2012	667.6	49	261.6	24	249.7	18
2013	721.1	53	279.5	26	378.3	20
2014	759.0	56	289.3	28	300.4	22
2015	800.8	58	303.9	11	324.1	24
2016	845.4	61	319.1	12	350.7	25
2017	898.8	65	339.0	14	380.4	27
2018	952.9	68	360.7	13	409.9	29
2019	1 015.4	73	386.7	14	444.5	32
2020	1 067.1	–	408.2	–	470.7	–

资料来源：国家统计局网站

从纵向上看,我国卫生技术人员、执业(助理)医师、注册护士分别由 1978 年的 246.4 万人、97.8 万人与 40.5 万人增加到了 2020 年的 1 067.1 万人、408.2 万人与 470.7 万人。

从横向上看,2019 年我国卫生技术人员总数与医护人员分类数量在地区分布上存在一定的不均衡,详见表 4 - 4。

表 4 - 4　2019 年我国卫生技术人员与护理人员构成一览①

省市	卫生技术人员数(万人)	每万人拥有卫生技术人员数(人)	执业(助理)医师数(万人)	每万人拥有执业(助理)医师数(人)	注册护士数(万人)	每万人拥有注册护士数(人)
北京市	27.12	126	10.59	49	11.49	53
天津市	10.98	70	4.64	30	4.14	27
河北省	49.01	65	22.86	30	18.5	24
山西省	25.79	69	10.57	28	10.9	29
内蒙古自治区	19.64	77	7.81	31	8.04	32
辽宁省	30.92	71	12.39	28	13.91	32
吉林省	18.85	70	7.90	29	7.93	29
黑龙江省	23.77	63	9.35	25	9.76	26
上海市	20.45	84	7.47	31	9.29	38
江苏省	63.33	78	25.47	32	27.98	35
浙江省	52.02	89	20.55	35	21.98	38
安徽省	36.12	57	13.84	22	16.34	26
福建省	26.32	66	9.95	25	11.62	29
江西省	26.78	57	9.64	21	12.04	26
山东省	78.23	78	31.53	31	34.14	34
河南省	65.39	68	25.14	26	27.89	29

---

① 该数据为最新可见数据,不包括港、澳、台地区。

（续表）

省市	卫生技术人员数（万人）	每万人拥有卫生技术人员数（人）	执业（助理）医师数（万人）	每万人拥有执业（助理）医师数（人）	注册护士数（万人）	每万人拥有注册护士数（人）
湖北省	41.62	70	15.36	26	19.42	33
湖南省	50.23	73	19.05	28	24.05	35
广东省	79.26	69	29.11	25	35.63	31
广西壮族自治区	34.14	69	11.51	23	15.24	31
海南省	6.77	72	2.39	25	3.21	34
重庆市	22.46	72	8.33	27	10.31	33
四川省	60.24	72	22.17	26	27.05	32
贵州省	26.76	74	8.98	25	12.14	34
云南省	33.97	70	11.40	23	15.85	33
西藏自治区	2.09	60	0.93	27	0.60	17
陕西省	35.38	91	10.87	28	15.04	39
甘肃省	17.88	68	6.28	24	7.95	30
青海省	4.74	78	1.74	29	1.89	31
宁夏回族自治区	5.54	80	2.08	30	2.43	35
新疆维吾尔自治区	18.59	74	6.79	27	7.73	31

资料来源：国家统计局网站

从卫生技术人员的分布情况看，2019年，广东、山东、河南三省拥有的卫生技术人员的总数较多，三地总数约占全国卫生技术人员总数的22.0%，西藏、青海、宁夏三地的卫生技术人员数量较少，三地总数仅占全国卫生技术人员总数的1.2%。从卫生技术人员的配置情况看，北京、陕西、浙江三地每万人口中拥有的卫生技术人员数较高，而安徽、江西、西藏三地的配置比例较低。

从执业（助理）医师的分布情况看，山东、广东、江苏三地所拥有的执业（助理）医师数较多，约占全国执业（助理）医师总数的22.3%；西藏、青海、宁夏三地所拥有的执业(助理)医师数量较少,三地执业(助理)医师数总数仅占各地总数的 1.2%。从执业(助理)医师的配置情况看,北京、浙江、江苏三地每万人口中拥有的执业(助理)医师数较多,而江西、安徽、广西、云南四地的配置比例较低。

从注册护士的分布情况看,广东、山东、江苏三省拥有的注册护士人数较多,约占全国总数的 22.0%,而西藏、青海、宁夏拥有的注册护士数较少,仅占各地总数的 1.1%。在注册护士的配置上,北京、陕西、上海、浙江四地每万人中拥有的注册护士人数较多,而西藏、河北、江西、黑龙江、安徽五地的配置密度较低。

3)健康管理机构

健康管理是指对个体或群体的健康进行全面监测、分析、评估,提供健康咨询和指导,并对健康危险因素进行全面管理的过程(陈建勋等,2006)。健康管理机构是指面向个体或群体提供健康管理服务的机构,这是"医"的核心层中又一重要的人类行动者。

健康管理在我国起步较晚,目前正逐步形成规模。总体而言,我国健康管理产业具有长期向好的发展态势,具体如图 4-3 所示。

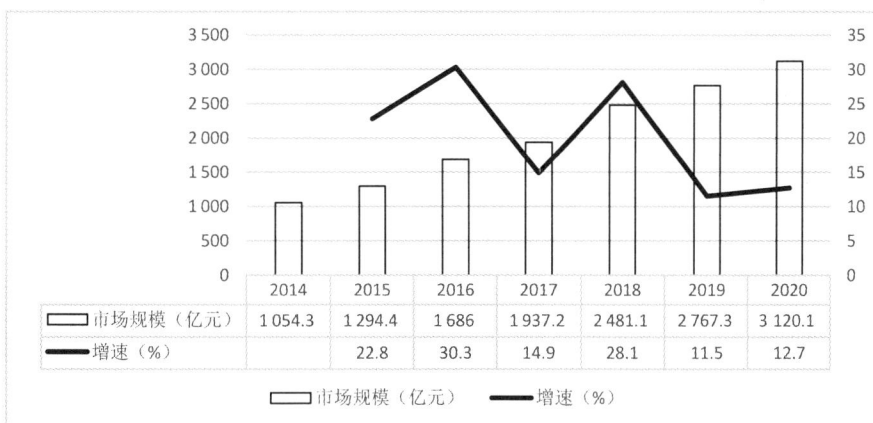

	2014	2015	2016	2017	2018	2019	2020
市场规模(亿元)	1 054.3	1 294.4	1 686	1 937.2	2 481.1	2 767.3	3 120.1
增速(%)		22.8	30.3	14.9	28.1	11.5	12.7

图 4-3　2014—2020 年我国健康管理产业规模与增速

资料来源:智研咨询

由图 4-3 可知,2014 年以来我国健康管理产业的市场规模经历了持续
增长,到 2020 年已达 3 120.1 亿元,但在增长速度上尚不够稳定。

从健康管理机构数量来看,2019 年全国 31 个省份共有 7 570 家健康管
理机构。其中广东的健康管理机构数量最多,有 680 家,占全国总量的
8.98%,其次是浙江、山东、四川和山西,这五个省份的健康管理机构占了全
国总量的 37.56%。具体如表 4-5 所示。

表 4-5 2019 年我国部分省市健康管理机构分布情况一览

省市	总数(家)	公立机构(家)	民营机构(家)	民营机构占比(%)
广东省	680	596	84	12.35
浙江省	642	545	97	15.11
山东省	546	492	54	9.89
四川省	517	482	35	6.77
山西省	458	393	65	14.19
安徽省	370	234	136	36.76
河北省	362	343	19	5.25
广西壮族自治区	360	317	43	11.94
湖南省	347	310	37	10.66
江苏省	310	240	70	22.58
湖北省	285	243	42	14.74
上海市	243	118	125	51.44
辽宁省	234	186	48	20.51
河南省	230	200	30	13.04
北京市	229	132	97	42.36
福建省	219	168	51	23.29
陕西省	195	180	15	7.69

（续表）

省市	总数（家）	公立机构（家）	民营机构（家）	民营机构占比（%）
重庆市	156	121	35	22.44
云南省	145	125	20	13.79
新疆维吾尔自治区	144	127	17	11.81
内蒙古自治区	140	124	16	11.43
甘肃省	135	116	19	14.07
黑龙江省	112	75	37	33.04
天津市	103	63	40	38.83
江西省	76	65	11	14.47
青海省	76	72	4	5.26

资料来源：《健康管理蓝皮书：中国健康管理与健康产业发展报告 No.2（2019）》

4）床位

床位是"医"的核心层中的重要非人类行动者之一。床位除了在医院、康复机构、护理院、养老机构中为医疗健康服务的实现发挥着重要的作用，在药械产品研发的临床试验阶段也有着不可或缺的作用。以下侧重对医院中的医疗卫生机构床位加以分析。

床位数量往往代表着医疗卫生机构的发展规模。在我国，床位数量还与医院的等级划分有着密切关联。根据我国《医院分级管理标准》，凡以"医院"命名的医疗机构，床位总数应在 20 张以上，并分别对一至三级医院在床位总数上的要求做了规定，具体如表 4-6 所示。

表 4-6 各级医院床位数量一览

医院分级	一级医院	二级医院	三级医院
住院床位总数（张）	≤100	101～500	≥501

资料来源：由《医院分级管理标准》相关数据整理而来

　　从纵向来看,医疗卫生机构床位数呈现出稳定上升的趋势,从 1978 年的 204.2 万张增加到了 2020 年的 911.3 万张,将近增长了 3.46 倍;而在每千人口医疗卫生机构床位数方面,也由 1985 年的 2.11 张增加到了 2020 年的 6.46 张①,相当于每千人口中增加了 4 张床位,详见表 4 - 7。

表 4 - 7　1978—2020 年我国医疗卫生机构住院床位数量一览

年 份	医疗卫生机构床位数(万张)	每千人口医疗卫生机构床位数(张)
1978	204.2	—
1979	212.8	—
1980	218.4	—
1981	223.4	—
1982	228.0	—
1983	234.2	—
1984	241.2	—
1985	248.7	2.11
1986	256.3	2.14
1987	268.5	2.20
1988	279.5	2.25
1989	286.7	2.28
1990	292.5	2.30
1991	299.2	2.32
1992	304.9	2.34
1993	309.9	2.36
1994	313.4	2.36
1995	314.1	2.34
1996	310.0	2.34

① 　实际已超过《国务院办公厅关于印发全国医疗卫生服务体系规划纲要(2015—2020 年)的通知》 (国办发〔2015〕14 号)制订的 2020 年每千人 6 张床位的目标。

（续表）

年　份	医疗卫生机构床位数（万张）	每千人口医疗卫生机构床位数（张）
1997	313.5	2.35
1998	314.3	2.33
1999	315.9	2.39
2000	317.7	2.38
2001	320.1	2.39
2002	313.6	2.49
2003	316.4	2.49
2004	326.8	2.56
2005	336.8	2.62
2006	351.2	2.70
2007	370.1	2.83
2008	403.9	3.05
2009	441.7	3.32
2010	478.7	3.58
2011	516.0	3.84
2012	572.5	4.24
2013	618.2	4.55
2014	660.1	4.85
2015	701.5	5.11
2016	741.1	5.37
2017	794.0	5.72
2018	840.4	6.03
2019	880.7	6.30
2020	911.3	6.46

资料来源：国家统计局网站①

———————————

①　2020 年数据来自《2020 年我国卫生健康事业发展统计公报》。

由上表可知,2020 年,我国每千人口医疗卫生机构床位数已由 2019 年 6.30 张增加到了 6.46 张。由于一些地区的公立医院存在负债扩张,尤其是高等级医院集中地区,每千人口医疗卫生机构床位数实际已超出这一标准。与此同时,在公立医院补偿机制不到位、药品零加成等背景下,一些公立研究型医院主要将床位用于收治患者,并通过缩短平均住院日、提供日间手术等做法来提高床位的使用效率,这为设立用于药械产品研发的研究型床位造成了阻碍(中国外商投资企业协会药品研制和开发行业委员会等,2018)。

从横向来看,目前河南、四川、山东三地的医疗卫生机构床位数量较多,约占全国医疗卫生机构床位总数的 21.6%,而西藏、宁夏、青海的医疗卫生机构床位数较少,仅占全国医疗卫生机构床位总数的 1.2%。另外在每千人医疗卫生机构床位数方面,新疆、重庆、四川三地的床位配置密度较高,而天津、广东、西藏三地的床位配置密度较低,详见表 4-8。

表 4-8　2019 年我国各地区医疗卫生机构床位数量一览

地区	医疗卫生机构床位数（万张）	每千人医疗卫生机构床位数(张)
北京市	12.78	5.93
天津市	6.83	4.37
河北省	43.01	5.67
山西省	21.84	5.86
内蒙古自治区	16.11	6.34
辽宁省	31.38	7.21
吉林省	17.03	6.33
黑龙江省	26.26	7.00
上海市	14.65	6.03
江苏省	51.60	6.39
浙江省	35.02	5.99

（续表）

地区	医疗卫生机构床位数（万张）	每千人医疗卫生机构床位数（张）
安徽省	34.74	5.46
福建省	20.22	5.09
江西省	26.71	5.73
山东省	62.97	6.25
河南省	64.01	6.64
湖北省	40.33	6.80
湖南省	50.63	7.32
广东省	54.52	4.73
广西壮族自治区	27.74	5.59
海南省	4.98	5.27
重庆市	23.18	7.42
四川省	63.18	7.54
贵州省	26.50	7.31
云南省	31.19	6.42
西藏自治区	1.71	4.87
陕西省	26.58	6.86
甘肃省	18.12	6.84
青海省	4.14	6.82
宁夏回族自治区	4.10	5.90
新疆维吾尔自治区	18.64	7.39

资料来源：国家统计局网站

5）诊疗与住院服务

2019 年全国医疗卫生机构总诊疗人次达 87.2 亿人次，约比 1998 年增加了 65.95 亿人次，增长了 3.10 倍；入院人数由 1998 年的 0.5 亿人增加到了

2019 年的 2.66 亿人,增长了 4.32 倍;2019 年平均住院为 8.6 日,与 1998 年平均住院日相较缩短了 4.5 日,详见表 4 - 9。

表 4 - 9   1998—2019 年我国诊疗与住院服务基本情况一览

年 份	诊疗人次数（亿人次）	入院人数（亿人）	医院病床工作日（日）	医院病床使用率（%）	平均住院日（日）
1998	21.25	0.50	−	−	13.1
1999	20.82	0.51	−	−	12.6
2000	21.23	0.53	−	−	12.1
2001	20.87	0.55	−	−	11.80
2002	21.45	0.60	−	64.6	8.70
2003	20.96	0.61	−	65.3	9.00
2004	22.03	0.67	−	68.4	9.00
2005	23.05	0.72	−	70.3	9.20
2006	24.47	0.79	−	72.4	9.20
2007	33.32	0.98	−	78.2	8.90
2008	49.01	1.45	−	81.5	8.61
2009	54.88	1.33	−	84.7	8.60
2010	58.38	1.42	316.45	86.7	8.87
2011	62.71	1.53	322.93	88.5	9.00
2012	68.88	1.79	329.7	90.1	8.85
2013	73.14	1.93	324.82	89	8.85
2014	76.02	2.04	321.38	88	8.86
2015	76.99	2.11	311.6	85.4	8.90
2016	79.32	2.27	311.32	85.3	8.75
2017	81.83	2.44	310.1	85	8.60
2018	83.08	2.55	307.4	84.2	8.70
2019	87.20	2.66	305	83.5	8.60

资料来源:国家统计局网站

从横向来看,2019 年黑龙江、山西、四川三地居民的平均住院日最长,都超过了 10 天,而贵州居民的平均住院日最少,仅为 8.2 日;2019 年广东的医疗卫生机构承担的诊疗人次最多,高达 8.92 亿人次,而西藏的医疗卫生机构诊疗人次最少,仅有 0.16 亿人次,详见表 4 - 10。

表 4 - 10　2019 年我国各地区诊疗与住院服务基本情况一览

地区	医疗卫生机构诊疗人次(亿次)	入院人数(亿人)	医院病床工作日(日)	医院病床使用率(%)	平均住院日(日)
北京市	2.49	0.04	301.6	82.6	9
天津市	1.23	0.02	291.2	79.8	9.4
河北省	4.32	0.12	296.8	81.3	9
山西省	1.31	0.05	279.6	76.6	10.3
内蒙古自治区	1.07	0.04	260.8	71.4	9.3
辽宁省	2	0.07	269.4	73.8	10
吉林省	1.1	0.04	278.3	76.2	9.3
黑龙江省	1.13	0.06	271.8	74.5	10.4
上海市	2.76	0.05	351.2	96.2	10
江苏省	6.17	0.15	312.9	85.7	9.4
浙江省	6.81	0.11	322.6	88.4	9.3
安徽省	3.33	0.10	303.3	83.1	8.6
福建省	2.49	0.06	302.1	82.8	8.6
江西省	2.36	0.09	309.3	84.8	8.9
山东省	6.75	0.19	294.5	80.7	8.6
河南省	6.1	0.20	321.5	88.1	9.3
湖北省	3.54	0.14	336.7	92.3	9.3
湖南省	2.81	0.16	305.6	83.7	9.1
广东省	8.92	0.18	300.2	82.2	8.4

(续表)

地区	医疗卫生机构诊疗人次（亿次）	入院人数（亿人）	医院病床工作日（日）	医院病床使用率（%）	平均住院日（日）
广西壮族自治区	2.61	0.10	328.7	90	8.9
海南省	0.53	0.01	286.2	78.4	8.9
重庆市	1.75	0.08	300.2	82.2	9.4
四川省	5.6	0.20	326.2	89.4	10.3
贵州省	1.76	0.09	297.4	81.5	8.2
云南省	2.82	0.10	305.8	83.8	8.5
西藏自治区	0.16	0.003	236.5	64.8	9.2
陕西省	2.09	0.08	298.2	81.7	8.7
甘肃省	1.27	0.05	300.4	82.3	8.6
青海省	0.27	0.01	270.4	74.1	9.2
宁夏回族自治区	0.44	0.01	296.1	81.1	8.7
新疆维吾尔自治区	1.2	0.06	320.8	87.9	8.4

资料来源：由国家统计局与各省统计局网站相关数据整理而来

4.2.2 "药"的核心层相关行动者分析

1）药械企业

药械企业是生物医药企业与医疗器械企业的合称，其中生物医药企业又包含制药企业和生物医学工程企业两类[①]。在大健康产业中，药械企业主要面向医疗卫生机构、健康管理机构以及居民提供药品或医疗器械，从而成为"药"的核心层中重要的人类行动者之一。

截至2020年，医药制造业企业数达到7 665家，其企业数量总体呈上升

---

① 制药企业融合多学科理论及先进技术，采用科学化、现代化的模式，研究、开发药品；生物医学工程企业则主要针对生物医学材料制品、（生物）人工器官、医学影像和诊断设备、医学电子仪器和监护装置、现代医学治疗设备、医学信息技术、康复工程技术和装置、组织工程等进行研发生产。

趋势,但期间存在较大的波动;同时,医疗器械企业数达到 25 440 家,企业数量呈现波动上升趋势,具体如表 4 - 11 所示。

表 4 - 11　2007—2020 年我国药械企业数量

年份	医药制造业企业数(家)	医疗器械企业数(家)
2007	5 748	12 601
2008	6 524	13 141
2009	6 807	13 876
2010	7 039	14 337
2011	5 926	14 603
2012	6 387	14 928
2013	6 525	15 698
2014	7 108	16 169
2015	7 392	14 151
2016	7 541	15 243
2017	7 532	16 124
2018	7 581	17 236
2019	7 392	18 203
2020	7 665	25 440

资料来源:《中国医疗器械蓝皮书》与万德(Wind)数据库

　　2019 年,我国生物制药产值较高的省份依次为山东、江苏、河南、广东,分别占了 30.8%、13.0%、8.3%、5.8%,四者产值之和的占比高达 57.9%,具体如图 4 - 4 所示。

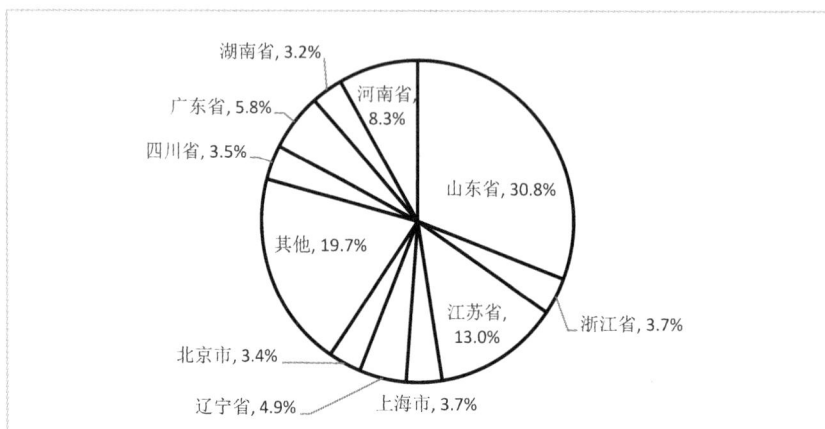

图4-4   2019年我国生物制药产值区域分布

资料来源:智研咨询

2)药品

根据《中华人民共和国药品管理法》对药品的定义,药品是指用于预防、治疗、诊断人的疾病,有目的地调节人的生理机能并规定有适应症或者功能主治、用法和用量的物质,包括中药、化学药和生物制品等。药品注册按照中药、化学药和生物制品三大类进行分类注册管理,每一类均包含一些细类,具体如表4-12所示。

表4-12 药品注册分类一览

药品类别	药品注册分类
中 药	中药创新药、中药改良型新药、古代经典名方中药复方制剂、同名同方药
化学药	化学药创新药、化学药改良型新药、仿制药
生物制品	生物制品创新药、生物制品改良型新药、已上市生物制品(含生物类似药)

资料来源:由《药品注册管理办法》(2020年国家市监总局令第27号)有关规定整理而来

2020 年,国家新药评审中心共完成中药(包括民族药)、化学药、生物制品各类注册申请评审、审批共 11 582 件,完成需技术评审的注册申请 8 606 件,完成直接行政审批(无需技术评审)的注册申请 2 972 件。在已完成的 8 606 件需技术评审的药品注册申请中,中药注册申请 418 件,化学药注册申请为 6 778 件,生物制品注册申请 1 410 件,三者在完成技术评审药品数量上的占比分别为 4.86%、78.76%、16.38%,说明化学药在三类完成技术评审药品中占据绝对多数,详见表 4 - 13。

表 4 - 13 2020 年全国完成技术评审药品构成情况一览

注册申请分类	注册申请数(件)	占比(%)
中药	418	4.86
化学药	6 778	78.76
生物制品	1 410	16.38

资料来源:国家药品监督管理局网站

所谓新药(New Drugs)是指化学结构、药品组分和药理作用不同于现有药品的药物(杨宝峰,2018)。在完成技术审评的中药、化学药、生物制品中,2020 年新药临床申请与新药上市申请这两类与新药申请密切相关的数量分别为 45 件、1 123 件、681 件,分别占所属药品类别完成技术评审数量的 10.77%、16.57%、48.29%。在化学药中,仿制药上市申请有 1 697 件,占了当年这类药完成技术评审数量的 25.04%。从数量上看,新药申请在各类药品注册中的占比仍有待提升,详见表 4 - 11 所示。

表 4 - 14 2020 年完成技术审评的药品构成情况一览

注册申请细分	中药(件)	化学药(件)	生物制品(件)
新药临床申请	37	960	564

(续表)

注册申请细分	中药(件)	化学药(件)	生物制品(件)
新药上市申请	8	163	117
仿制药上市申请	3	1 697	0
补充申请	327	2 248	675
境外生产药品再注册	27	422	49
复审	16	26	4
小计	418	6 778	1 410

资料来源:由国家药品监督管理局网站相关数据整理而来

3)医疗器械

医疗器械是指直接或者间接用于人体的仪器、设备、器具、体外诊断试剂及校准物、材料以及其他类似或者相关的物品。与药品一样,医疗器械在"药"的核心层中也是重要的非人类行动者之一。

医疗器械的有效性和安全性对医疗卫生机构、居民等使用者来说至关重要。根据医疗器械的风险程度可将其划分为一、二、三类,具体如表4-15所示。

表4-15 基于风险程度的医疗器械分类

类型	产品特点	监管方式	审批主体	创新特点
第一类	风险程度低	常规管理、备案管理	由市级药品监督管理部门审查批准	产品安全性高、附加值低、功能主要是维护健康
第二类	有中度风险	控制管理、注册管理	由省级药品监督管理部门审查批准	产品安全性较高,适用范围较广
第三类	有较高风险	严格控制管理、注册管理	由国家级药品监督管理部门审查批准	产品使用风险高、附加值高,功能主要是治疗和诊断重大疾病

资料来源:国家药品监督管理局网站

　　按风险程度对医疗器械加以分类,提示在医疗器械研发过程中需要特别关注产品的安全性。只有将医疗器械研发的有效性与安全性有机地融合在一起,才能为居民提供安全可靠的产品。2020 年,我国境内医疗器械产品备案、注册共计 46 677 件,其中一类备案 29 599 件,二类注册 16 201 件,三类注册 877 件,详见表 4 - 16 所示。

表 4 - 16　2020 年全国境内医疗器械备案与注册情况一览

分类	数量(件)	占比(%)
一类备案	29 599	63.41
二类注册	16 201	34.71
三类注册	877	1.88

资料来源:国家药品监督管理局网站

　　上表中三类医疗器械不到 2% 的占比也在一定程度上反映了医疗器械研发主体与监管机构的审慎态度。

　　如果将医疗器械细分市场划分为医疗设备、高值医用耗材、低值医用耗材、体外诊断等四类,2019 年四类医疗器械的市场占比分别为 56.73%、19.76%、12.13%、11.38%,仅医疗设备的市场占比就超过了高值医用耗材、低值医用耗材以及体外诊断三者的总和,具体如图 4 - 5 所示。

4.2.3　"医""药"的核心层共有的行动者分析

1)专利

专利一般是由政府机关或者代表若干国家的区域性组织根据申请而颁发的一种文件,这种文件记载了发明创造的内容,并且在一定时期内产生某种法律状态,即获得专利的发明创造在一般情况下他人只有经过专利权人

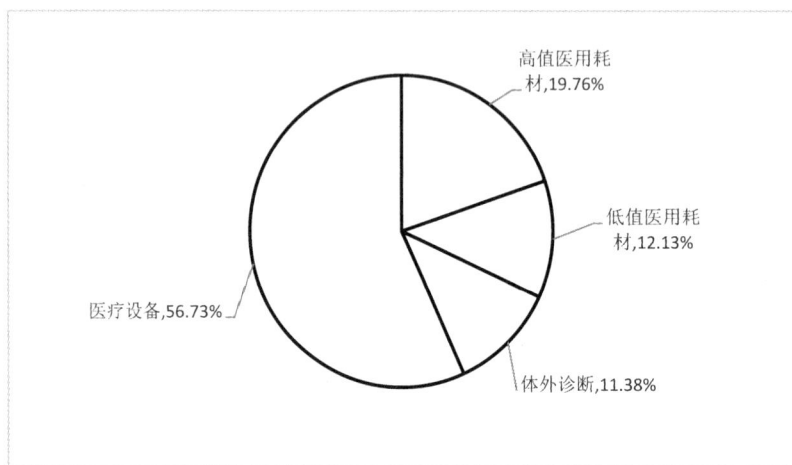

图 4‑5　我国医疗器械的细分市场占比

资料来源:2020 年《中国医疗器械蓝皮书》

许可才能予以实施。在我国,专利分为发明、实用新型和外观设计三种类型。"医"的专利通常以医疗卫生机构、医师、护理人员申请的临床或临床护理类专利为主,"药"的专利则主要以药械企业、研发人员申请的中药、化学药、生物制品或医疗器械类专利为主。随着研究型医院与创新型药械企业的不断发展,由"医""药"相关行动者密切合作申请专利的情况也变得多见。

通过整理 1995—2020 年期间医药相关专利数据,发现期间专利总数呈逐年上升的趋势,由 1995 年的 5 个专利数增加到 2020 年的 3 135 个,其中授权专利数量从 1995 年的 2 个增加到 2020 年的 226 个,申请专利的增长速度稍快于授权专利的增长,由 3 个增加到 2 909 个,是 1995 年的 969 倍之多。

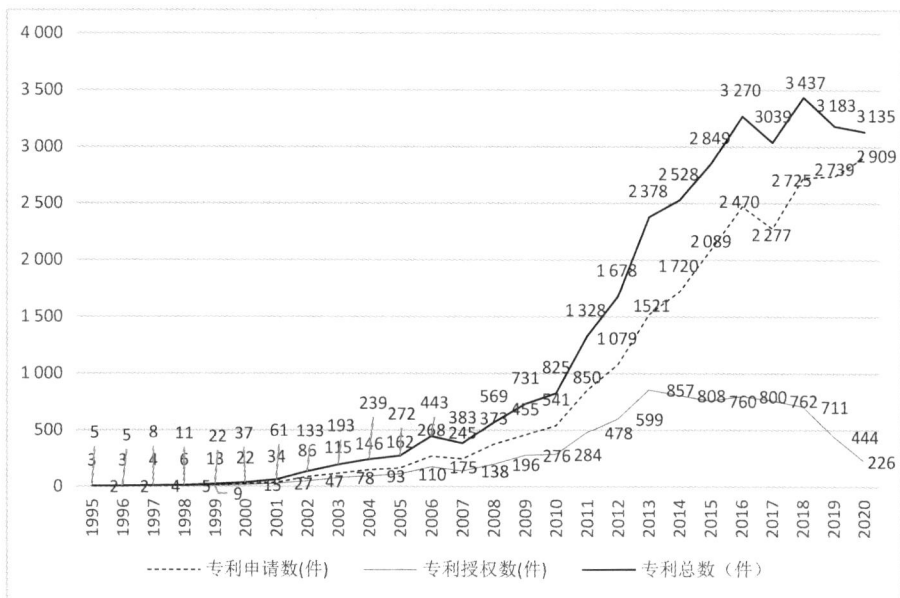

图 4 - 6　1995—2020 年生物医药相关专利数

资料来源：IncoPat 科技创新情报平台

2）论文

论文是指用来反映各学术领域前沿研究成果的文章。在医药领域，它不仅承载着医药相关学科的前沿成果，更是机构之间、医生科学家之间以及研发人员之间展开学术交流、信息沟通的重要工具之一。医药领域的学术论文一般包括期刊论文、会议论文、科技报告、学位论文等。论文作为"医""药"核心层共有的相关行动者，多指研究型医院和创新型药械企业内员工发表的期刊论文、会议论文以及科技报告等。

对 1984—2020 年期间中国知网中图分类号为"R（医药）"的文献进行检索，在勾选"科技类"论文后并剔除了"高级科普""学科教育教学"后，发现我国医药相关科技论文呈持续增长态势：1984 年的论文发表量仅为 5 491 篇，在经过了 1984—1993 年的缓慢增长后，医药相关论文数量在 1994—2010 年期间呈现爆发式增长,由 1994 年的 172 145 篇,迅速增加到 2010 年的 749 018 篇,增加幅度达 3.35 倍。截止到 2020 年 12 月,中国知网共收录医药相关的科技论文 822 114 篇,较 1984 年增加了 149.72 倍,侧面反映出我国"医""药"科技领域欣欣向荣的发展局面。

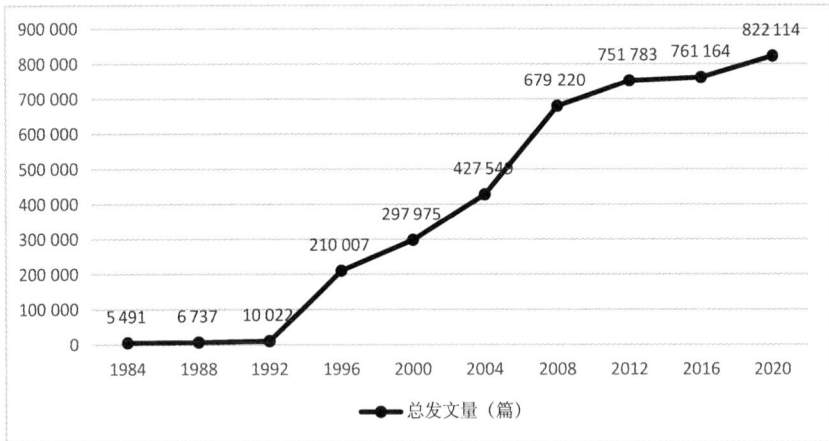

图 4-7   1984-2020 生物医药相关论文发文量

资料来源:中国知网

3)合同

合同作为"医""药"相关行动者之间权利与义务的约定,是核心层中十分活跃的非人类行动者。医药相关的合同主要有药械采购合同、研发外包合同、技术咨询合同、临床试验合同以及成果转让合同等。表 4-17 对近 10 年生物医药技术服务交易形成的合同金额进行了分类汇总。

表 4-17   2010—2019 年生物医药技术服务按类成交合同金额一览

年份	按技术性收入的类型分	按知识产权构成分	按技术领域分
	生物、医药新品种权转让(万元)	生物、医药新品种(万元)	生物、医药和医疗器械技术(万元)
2010	170 472	867 857	2 459 065

（续表）

年份	按技术性收入的类型分 生物、医药新品种权 转让（万元）	按知识产权构成分 生物、医药新品种 （万元）	按技术领域分 生物、医药和医疗器械 技术（万元）
2011	67 933	558 746	2 582 860
2012	94 570	573 211	2 820 063
2013	90 836	1 972 657	3 963 664
2014	247 847	730 706	4 114 555
2015	166 135	831 678	5 106 516
2016	265 216	734 589	6 127 297
2017	155 789	1 197 028	7 502 520
2018	245 353	1 432 862	8 391 509
2019	554 764	1 454 721	10 579 333

资料来源：国家统计局网站

4.3　"医""药"支撑层的相关行动者分析

4.3.1　"医"的支撑层相关行动者分析

1）健康信息管理服务机构

随着医疗健康服务业的高速发展，健康信息管理服务机构正以前所未有的速度快速增长，而方兴未艾的数字化赋能也必将催生更多的健康信息管理服务机构。

健康信息管理服务机构对核心层行动者的支撑作用主要体现在三个方面：一是为医疗卫生机构的医疗信息化提供支持。随着国家医疗信息化建设的不断推进，越来越多的医疗卫生机构面临着信息系统升级问题，健康信息管理服务机构的作用日益凸显。如万达信息通过与医疗卫生机构终端合作,向其提供监测设备、医院管理、护士查房以及电子病历等系统的开发与维护。二是向健康管理机构提供服务支持。通过为这些机构的健康管理系统进行设计维护,以保证居民可以在移动终端自助上传个人健康数据,从而有助于促进居民与健康管理机构之间互动,积极展开慢性病健康管理、健康指标监测等。如易联众信息技术股份有限公司与国际商业机器公司(International Business Machines Corporation,IBM)联合宣布建立打造国内第一个针对糖尿病健康管理的健康云创新中心,即通过应用信息技术实现以患者为中心的个体化健康管理、线上线下融合且连续性的健康服务。三是为提升医疗卫生机构服务效率提供支撑。如为患者提供诊疗预约服务的挂号网,为医师提供 AI 读片服务的卫宁健康、零氪科技、深睿医疗等。

总体而言,目前健康信息管理服务尚处于起步阶段,对居民全方位、全生命周期的健康数据管理也在不断建设与完善之中。

2)医疗人力资源服务机构

医疗人力资源服务机构指专门针对医疗行业内的人才和用人单位提供相关服务,促进行业人力资源的有效开发与优化配置的活动和行为。面向医疗领域培养、输送、交流各类人才的专业服务机构。这类机构为医疗健康产业培养和输送了大量的医疗与护理专业的服务人才资源,为其产业发展提供人才支撑。

成立于 1989 年的中国卫生人才网,是由前卫生部人才交流服务中心主管、北京卫人人力资源开发中心举办的专业性人才网站,是目前我国规模最大、分公司最多的医疗卫生领域人力资源网站,面向全国医疗卫生机构提供人才招聘服务。而成立于 2015 年的中国医疗人力资源管理者联盟,则是我国首个医疗行业人力资源管理者的非营利组织。

4.3.2 "药"的支撑层相关行动者分析

1)药物临床试验机构

药物临床试验是验证药械产品在人体内安全性和有效性的唯一方法,

也是新药与创新型医疗器械研发过程中资金和时间资源投入最多的环节。目前,我国药械产品在上市前后需要经过四期临床试验,不同类别的药械产品在临床试验上的要求亦有所不同,具体如表 4-18 所示。

表 4-18　新药临床各期试验的相关要求一览

试验阶段	目的	参数	例数
Ⅰ期 开放、剂量递增	确定新药的最大耐受量	不良事件、临床实验室结果,和其他特殊检查生物样本中的药物浓度,分析代谢	一般 20~30 例
Ⅰ期 开放、单剂或多剂	获得新药的药代动力学资料	剂量与暴露的关系,及有无蓄积	
Ⅱ期 随机、双盲(也可不设盲)、对照试验	在特定的人群中,确定药物的有效性	有效性指标和安全性指标	≥100 例
Ⅲ期 随机、双盲、阳性药对照	在较大样本中确定药物的安全性和有效性	有效性指标和安全性资料	不少于 300 例
Ⅳ期 开放、不设对照组(也可进行小样本随机对照)	进一步考察新药的安全有效性	药物的疗效、不良反应	＞2000 例

资料来源:金丕焕,邓伟.临床试验[M].上海:复旦大学出版社,2004.

从现实情况看,目前我国有能力开展临床试验的机构数量仍然较少,且存在着产能不足、专家与空间床位等资源投入少、专业性不足、重视度不够等诸多痛点(张旭,田丽娟,2019)。

根据新修订的《中华人民共和国药品管理法》与国家药品监督管理局会同国家卫生健康委员会制定的《药物临床试验机构管理规定》的有关要求,

药物临床试验机构由资质认定改为备案管理。根据之前的规定,国家药物临床试验机构一般由认证期到有效截止期的时间为 3 年,目前有 256 家尚处于有效期内(参见附表 3),这些机构的分布情况在一定程度上反映了新药与创新型医疗器械研发活动在当地的活跃程度,具体如表 4-19 所示。

表 4-19   2020 年我国药物临床试验机构分布一览

地　区	药物临床试验机构数(家)	占比(%)
广东省	42	16.41
浙江省	21	8.20
山东省	21	8.20
四川省	19	7.42
江苏省	16	6.25
河南省	14	5.47
北京市	14	5.47
山西省	11	4.30
河北省	9	3.52
湖南省	8	3.13
湖北省	8	3.13
上海市	8	3.13
安徽省	7	2.73
辽宁省	7	2.73
重庆市	6	2.34
陕西省	6	2.34
江西省	6	2.34
云南省	6	2.34
新疆维吾尔自治区	5	1.95
福建省	3	1.17

（续表）

地　　区	药物临床试验机构数（家）	占比（%）
贵州省	3	1.17
吉林省	3	1.17
内蒙古自治区	3	1.17
黑龙江省	2	0.78
宁夏回族自治区	2	0.78
天津市	2	0.78
海南省	1	0.39
青海省	1	0.39
甘肃省	1	0.39
广西壮族自治区	1	0.39
西藏自治区	0	0.00

资料来源：由国家药品监督管理局网站相关数据整理而来

从上表可知，广东省内分布的药物临床试验机构最多，占比为 16.41%，其次依次为浙江、山东、四川、江苏等地。

2）药械研发外包机构

根据为客户提供的服务类型不同，药械外包机构可分为合同研究组织（Contract Research Organization，CRO）、合同生产组织（Contract Manufacture Organization，CMO）、合同销售组织（Contract Sales Organization，CSO）等三类。CRO、CMO、CSO 分别服务于药械企业的研发、生产、销售环节，因而也可分别称为研发外包、生产外包、销售外包组织，这是生物医药产业内主体基于分工而迈入专门化发展阶段的必然产物。聚焦于药械研发环节的 CRO 与客户的药械产品开发紧密相关，且随着研发外包服务专业化水平的不断提升，其内部也出现了更加专业细致的分工，具体如图 4-8 所示。

	临床前 CRO				临床 CRO	CMO-CDMO
	化合物研究	药物发现	安全性评价	有效性研究	临床研究 I-IV 期	工艺研发
境外公司						
IQVIA			■		■	
Covance	■		■		■	
Parexel			■		■	
Charles River	■	■	■	■		
Inventiv					■	
PPD	■	■			■	
PRA					■	
Icon			■		■	
Lonza						■
Catalent						■
境内公司						
药明康德	■	■	■	■	■	■
康龙化成	■	■	■			
泰格医药					■	
凯莱英						■
昭衍新药			■	■		
成都先导	■	■				
美迪西	■	■	■	■		
博腾股份						■
博济医药			■		■	
睿智化学	■	■				■
药石科技	■					■

图 4 - 8　药械研发外包机构分工情况一览

资料来源:东莞证券《2020 年医药外包 CXO 行业研究报告》

　　由于可帮助客户分担风险、控制研发成本、缩短研发周期,因而药械外包机构日益受到"药"的核心层内药品与医疗器械企业的青睐。因此,目前全国医药研发外包市场呈现出了良好的发展态势,2020 年我国医药研发外包市场规模达 950 亿元,具体如图 4 - 9 所示。

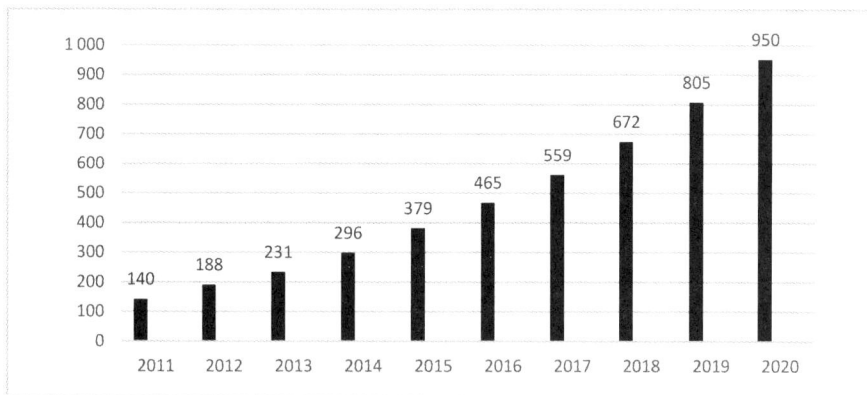

图 4 - 9 2011—2020 年我国医药研发外包市场规模一览（单位：亿元人民币）

资料来源：智研咨询

　　从全球范围看，药械研发外包起步于 20 世纪 40 年代，而当代意义上的研发外包则出现于其后的 70 至 80 年代，即快速发展的药械企业之间力图通过研发竞争占得先机，这就对研发活动的成本和效率提出了更高要求。同时，监管部门对新药与创新医疗器械的申报规定与技术要求也日趋复杂，这些都促使药械企业对研发外包机构的依赖程度日益增加。在经历了 90 年代的高速发展阶段后，进入 21 世纪以来，全球医药研发外包业务逐步进入稳定发展期。将图 4 - 9 中我国医药研发外包市场规模的货币计量单位转化为美元后[①]，通过对比可以看出目前我国医药研发外包的市场规模在全球市场份额中的绝对数量仍处于较低水平，即便是在其市场规模最高的 2020 年也只占到了全球市场规模的 24.07%。但从近 10 年持续上升的市场规模占比来看，我国医药研发外包机构在全球市场中逐步显露出了可喜的发展势头，具体如图 4 - 10 所示。

---

① 转换汇率按 2020 年 12 月 31 日美元兑人民币的中间价 1∶6.524 9 计算。

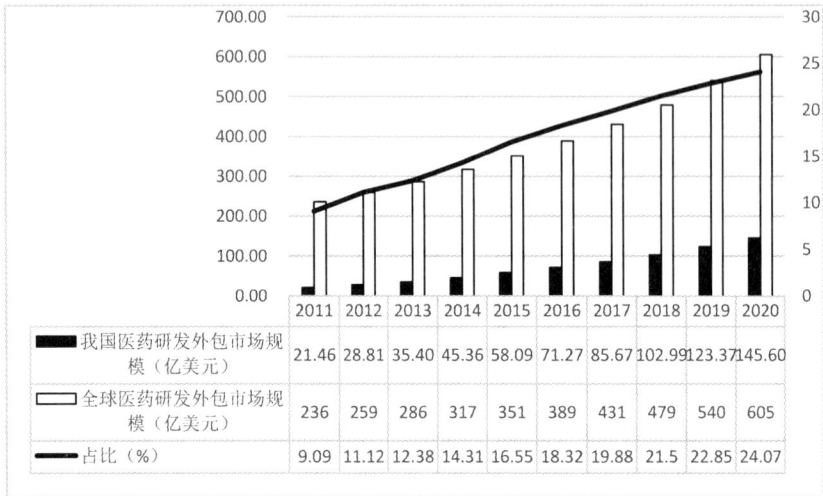

	2011	2012	2013	2014	2015	2016	2017	2018	2019	2020
我国医药研发外包市场规模（亿美元）	21.46	28.81	35.40	45.36	58.09	71.27	85.67	102.99	123.37	145.60
全球医药研发外包市场规模（亿美元）	236	259	286	317	351	389	431	479	540	605
占比（%）	9.09	11.12	12.38	14.31	16.55	18.32	19.88	21.5	22.85	24.07

图 4-10　2011—2020 年全球与我国医药研发外包市场规模一览（单位：亿元美金）

资料来源：智研咨询

3）生物医药技术公共服务平台

生物医药技术公共服务平台是生物医药产业内各类创新要素的载体。生物医药技术公共服务平台为生物医药产业提供设备、信息、技术、人才、资本等各类服务，促进产业内企业与其他机构的交流与合作，从而为产业的发展提供重要的支撑。

近年来，我国创新药发展势头迅猛，生物医药技术公共服务平台在其中起到了很大的作用。在政府部门的支持下，各地纷纷成立生物医药技术公共服务平台。以上海为例，除了上海市生物医药研发与转化功能型平台外，"十三五"期间围绕当地生物医药产业发展需要，依托相关高校、科研院所以及部分企业形成了 73 个生物医药技术公共服务平台，相关信息参见附表 4。这些公共服务平台的构建，为当地生物医药产业创新、为打造世界一流创新生态环境奠定了良好基础。

4.3.3　"医""药"支撑层共有的行动者分析

1)健康保险机构

与社会医疗保险的筹资人不同,健康保险是由居民或其所在机构作为投保人购买的商业保险。当被保险人的身体出现疾病时,健康保险机构依照合同约定向被保险人赔付保险金。健康保险机构主要提供医疗保险、疾病保险、失能收入损失保险、护理保险以及意外医疗保险等。随着《关于开展城乡居民大病保险的指导意见》等一系列政策的落地,商业保险机构参与构建"多层次医疗保障体系"的时机趋于成熟,诸多保险机构也加快了对商业健康险的布局。2011—2020 年我国健康保险保费收入呈波动增长趋势:在 2013 年保费收入首次突破千亿元后,于 2014 年出现了大幅下降,只实现了 542.6 亿元的保费收入,随后开始小幅回升,2016 年呈现爆发式增长,由 2015 年的 635.6 亿元增长到 4 042.5 亿元,同比增长 536.01%,具体如图 4 - 11 所示。

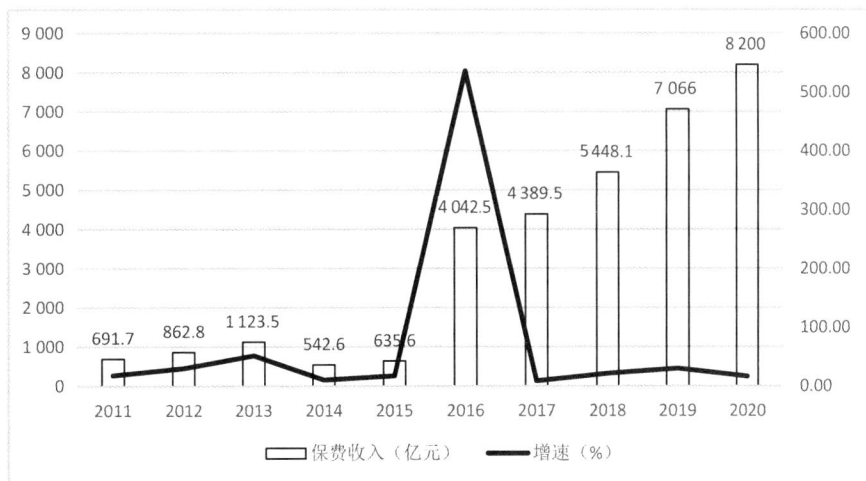

图 4 - 11　2011—2020 年健康保险保费收入及增速情况

资料来源:中国银行保险监督管理委员会网站

从区域市场来看,2020 年全国共有 27 个省市的健康保险保费收入超过 100 亿元,其中广东、山东、江苏三地的健康保险保费收入较高,分别为 694 亿元、609 亿元、586 亿元;西藏、青海、海南三地的健康保险保费收入较低, 分别为 4 亿元、17 亿元、38 亿元,具体如表 4 - 20 所示。

表 4 - 20   2020 年我国部分地区健康保险保费收入排名情况一览

地区	健康保险保费 (亿元)	排名	地区	健康保险保费 (亿元)	排名
广　东	694	1	辽　宁	164	19
山　东	609	2	山　西	157	20
江　苏	586	3	吉　林	153	21
河　南	515	4	云　南	149	22
北　京	462	5	内蒙古	148	23
四　川	409	6	广　西	147	24
浙　江	369	7	新　疆	130	25
河　北	355	8	天　津	106	26
深　圳	348	9	青　岛	100	27
湖　北	347	10	甘　肃	89	28
湖　南	304	11	贵　州	84	29
上　海	281	12	大　连	54	30
安　徽	241	13	宁　波	45	31
黑龙江	231	14	宁　夏	40	32
福　建	210	15	厦　门	39	33
重　庆	191	16	海　南	38	34
江　西	180	17	青　海	17	35
陕　西	174	18	西　藏	4	36

资料来源:中国银行保险监督管理委员会网站

　　健康保险参照《国家基本医疗保险、工伤保险和生育保险药品目录》(以下简称"《目录》")对医疗卫生机构的诊疗服务与药品展开支付,同时还对健康保险合同约定的健康管理服务以及部分超出《目录》之外的诊疗服务与药品进行支付,这间接地对新药与创新型医疗器械的研发提供了经费支持,因而是"医""药"共同的支撑层行动者。

　　2)金融机构

　　"医""药"发展与创新都离不开持续的资金投入。从生物医药产业看,新药与高端医疗器械的研发都需要很长的投入期,因而往往对资金的需求量较高,同时,由于药械创新还面临着失败的风险,这就使得多元化的金融资本的投入成为该产业发展不可或缺的部分。从医疗健康服务业看,要打造高水平的研究型医院,仅靠国家财政拨款也是远远不够的,这也为一些大型公立医院采取负债经营的方式提供了某种合理解释。因此,"医""药"的协同发展离不开金融机构的资金支持。

　　从国际上来看,2019 年全球生物医药风险投资机构 TOP100 中有 12 家面向中国药械企业投资,这些机构的总投资规模详见表 4 - 21。

表 4 - 21　2019 年全球生物医药风险投资机构 TOP100 中面向中国的机构一览

投资机构	总投资额(百万美元)
奥博资本	320.2
强生创新投资	56.3
辉瑞风险投资	51.7
诺华创业基金	61.7
晨兴创投	83.7
富达投资	127.2
维梧资本	812
启明创投	89.7
拜尔飞跃投资	122.9

（续表）

投资机构	总投资额（百万美元）
北极星创业投资	47.2
礼来亚洲基金	59.4
黑石集团	338.3

资料来源：DealForma 生物医药数据公司

　　亿欧大健康平台在综合考量国内投资机构在医疗健康领域的投资数量、投资总额、投出企业数量及情况、退出数量及情况、募资次数及金额等维度后，评选出了 2019 中国医疗健康领域前 10 强投资机构，具体如表 4‑22 所示。

表 4‑22　2019 年我国医疗健康领域前 10 强投资机构

投资机构	代 表 项 目
晨兴资本	未知君、太美医疗、数坤科技、云呼科技、宸安生物、麦递途等
高瓴资本	锦欣生殖、海和生物、爱尔眼科、翰森制药、HiberCell 等
弘晖资本	药明康德、迈瑞医疗、康龙化成、开拓药业、马泷齿科等
IDG 资本	腾瑞制药、博雅辑因、高诚生物、百奥智汇、康立明生物等
济峰资本	燃石医学、高诚生物、嘉思特医疗、Ansun BioPharma 等
联想之星	华明道康、长木谷、闻医富馨、高诚生物、深睿医疗等
拾玉	乐普生物、普米斯、艾力斯医药、先为达生物等
夏尔巴投资	艺妙神州、岸迈生物、优仕美地医疗、志道生物、国科恒泰等
元璟资本	壹翎医、云呼科技、优仕美地医疗、微脉、药研社等
元生创投	嘉思特医疗、杰思拜尔、尚沃医疗、正雅齿科、卡提医学等

资料来源：亿欧大健康平台

　　3）人才培养机构

　　随着"医""药"内部分工的日益细化，"医"除了需要临床、护理相关专业的人才外,也需要临床药师、药剂管理、临床药理等相关领域的人才;同时,"药"的发展也需要医学人才参与到创新型或改进型药械研发之中,甚至在销售环节也需要懂临床医学科学、深入理解医护人员心理的医疗人才。因此,医药高等院校必将通过为"医""药"培养人才而成为重要的支撑层行动者。

根据教育部第四轮学科评估结果①,本书选取了在全国临床医学学科排名中位居前 60 的大学评级信息。由表 4 - 23 可知,目前,上海交通大学、浙江大学、北京协和医学院、复旦大学、北京大学、首都医科大学、华中科技大学、中南大学、中山大学以及四川大学等十所高校的临床医学学科均评为 A 级学科,其中上海交通大学和浙江大学的临床医学学科还被评为 A+级,成为目前国内在临床医学学科教育领域较为突出的两所大学。除了本科教育外,这些大学还提供硕士、博士等不同层次的高等教育,从而为我国医药事业的发展与创新源源不断地输送着各级各类人才。

表 4 - 23　按临床医学学科排名的全国前 60 所大学学科评级一览

排名	大学名称	评级	排名	大学名称	评级
1	上海交通大学	A+	31	安徽医科大学	B-
2	浙江大学	A+	32	南昌大学	B-
3	北京协和医学院	A	33	广州医科大学	B-
4	复旦大学	A	34	昆明医科大学	B-
5	北京大学	A-	35	徐州医科大学	C+
6	首都医科大学	A-	36	济南大学	C+
7	华中科技大学	A-	37	暨南大学	C+
8	中南大学	A-	38	汕头大学	C+

① 我国教育部学科评估平均每四年开展一轮,第四轮学科评估于 2016 年 4 月启动,2017 年 12 月 28 日教育部学位与研究生教育发展中心公布全国第四轮学科评估结果。

（续表）

排名	大学名称	评级	排名	大学名称	评级
9	中山大学	A-	39	广西医科大学	C+
10	四川大学	A-	40	兰州大学	C+
11	中国医科大学	B+	41	宁夏医科大学	C+
12	哈尔滨医科大学	B+	42	新疆医科大学	C+
13	南京医科大学	B+	43	青岛大学	C+
14	山东大学	B+	44	锦州医科大学	C
15	重庆医科大学	B+	45	延边大学	C
16	第二军医大学	B+	46	江苏大学	C
17	第四军医大学	B+	47	南通大学	C
18	天津医科大学	B	48	厦门大学	C
19	大连医科大学	B	49	新乡医学院	C
20	吉林大学	B	50	广东医科大学	C
21	同济大学	B	51	贵州医科大学	C
22	郑州大学	B	52	河北大学	C-
23	武汉大学	B	53	内蒙古医科大学	C-
24	西安交通大学	B	54	浙江中医药大学	C-
25	南方医科大学	B	55	蚌埠医学院	C-
26	南开大学	B-	56	河南大学	C-
27	河北医科大学	B-	57	西南医科大学	C-
28	山西医科大学	B-	58	遵义医学院	C-
29	苏州大学	B-	59	青海大学	C-
30	温州医科大学	B-	60	石河子大学	C-

资料来源:由全国第四轮学科评估结果整理而来

　　同样根据教育部第四轮学科评估结果,本书还选取了在全国药学学科排名中位居前 60 的大学评级信息。由表 4-24 可知,北京协和医学院、中国药科大学、北京大学、沈阳药科大学、浙江大学、复旦大学、上海交通大学、山东大学、中山大学、四川大学、第二军医大学等 11 所高等院校的药学学科被评为 A 级,其中北京协和医学院和中国药科大学的药学学科还被评为 A+级,是我国药学学科领域最为领先的两所大学。这些大学为我国生物医药产业输送了大量人才,成为本轮学科评估中药学学科教育领域较为突出的两所大学。这些学校不断地向我国的医药事业输送着本科、硕士、博士等各级各类人才。

表 4-24　按药学学科排名的全国前 60 所大学学科评级一览

排名	大学名称	评级	排名	大学名称	评级
1	北京协和医学院	A+	37	温州医科大学	B-
2	中国药科大学	A+	38	厦门大学	B-
3	北京大学	A	39	暨南大学	B-
4	沈阳药科大学	A	40	重庆医科大学	B-
5	浙江大学	A	41	新疆医科大学	B-
6	复旦大学	A-	42	天津中医药大学	C+
7	上海交通大学	A-	43	大连医科大学	C+
8	山东大学	A-	44	南京工业大学	C+
9	中山大学	A-	45	江南大学	C+
10	四川大学	A-	46	江苏大学	C+
11	第二军医大学	A-	47	徐州医科大学	C+
12	首都医科大学	B+	48	浙江中医药大学	C+
13	哈尔滨医科大学	B+	49	湖南中医药大学	C+
14	华东理工大学	B+	50	广西医科大学	C+
15	苏州大学	B+	51	贵州医科大学	C+
16	中国海洋大学	B+	52	兰州大学	C+
17	武汉大学	B+	53	天津科技大学	C

（续表）

排名	大学名称	评级	排名	大学名称	评级
18	华中科技大学	B+	54	山西医科大学	C
19	中南大学	B+	55	南昌大学	C
20	第四军医大学	B+	56	山东中医药大学	C
21	南开大学	B	57	汕头大学	C
22	天津医科大学	B	58	广州医科大学	C
23	中国医科大学	B	59	成都中医药大学	C
24	吉林大学	B	60	遵义医学院	C
25	南京医科大学	B	61	昆明医科大学	C
26	浙江工业大学	B	62	烟台大学	C
27	安徽医科大学	B	63	北京化工大学	C−
28	郑州大学	B	64	同济大学	C−
29	广东药科大学	B	65	安徽中医药大学	C−
30	西安交通大学	B	66	济南大学	C−
31	南方医科大学	B	67	新乡医学院	C−
32	河北医科大学	B−	68	湖北中医药大学	C−
33	辽宁中医药大学	B−	69	广州中医药大学	C−
34	延边大学	B−	70	西南交通大学	C−
35	黑龙江中医药大学	B−	71	青岛大学	C−
36	南京中医药大学	B−	72	成都学院	C−

资料来源：由全国第四轮学科评估结果整理而来

4）健康数据

健康数据已成为"医""药"技术创新的重要源泉，但健康数据的产生主要来自医院与患者。由于长期以来部门之间的分割，加之健康数据涉及数据权属、隐私保护、利益分享等敏感问题，致使生物医药产业中的相关主体在技术创新过程中很难有效、便捷地获取所需数据，这给其产业技术创新造成了巨大障碍。因而,在"医""药"协同发展中健康数据的价值日益凸显。
2016 年以来,国家有关部门先后出台了多个基于"互联网＋"的医疗健康服
务相关政策文件,详见表 4‑25。

表 4‑25 2016 年以来"互联网＋医疗健康"相关政策法规一览

颁布时间	文件名称	发布机构
2016.01	"健康中国 2030"规划纲要	国务院
2016.03	中华人民共和国国民经济和社会发展第十三个五年规划纲要	经十二届全国人大四次会议审议通过
2017.01	"十三五"卫生与健康规划	国务院办公厅
2017.04	关于推进医疗联合体建设和发展的指导意见	国务院办公厅
2018.01	关于印发进一步改善医疗服务行动计划(2018—2020 年)的通知	国家卫生健康委
2018.04	关于促进"互联网＋医疗健康"发展的意见	国务院
2018.07	关于深入开展"互联网＋医疗健康"便民惠民活动的通知	国家卫生健康委
2018.09	互联网诊疗管理办法(试行)	国家卫生健康委、国家中医药管理局
2018.09	远程医疗服务管理规范(试行)	国家卫生健康委、国家中医药管理局
2018.09	关于规范家庭医生签约服务管理的指导意见	国家卫生健康委、国家中医药管理局
2019.06	深化医药卫生体制改革 2019 年重点工作任务	国务院
2020.11	药品网络销售监督管理办法(征求意见稿)	国家药品监督管理局

（续表）

颁布时间	文件名称	发布机构
2020.12	关于深入推进"互联网＋医疗健康""五个一"服务行动的通知	国家卫生健康委、国家医疗保障局、国家中医药管理局
2021.3	中华人民共和国国民经济和社会发展第十四个五年规划和2035年远景目标纲要	经十三届全国人大四次会议表决通过

资料来源:由国家各职能部门网站相关资料整理而来

随着这些政策法规的逐步落实,健康数据在"医""药"协同发展中的地位将进一步得到强化。

4.4 "医""药"载体层的相关行动者分析

4.4.1 "医"的载体层相关行动者分析

1)企事业单位与职业群体

企事业单位对职业群体的健康负有责任,也是我国医疗健康服务业中对职业群体展开健康管理的重要载体。从法律层面看,《中华人民共和国职业病防治法》①明确规定,用人单位应"采取措施保障劳动者获得职业卫生保护",从而帮助这一群体追求健康。从经济发展看,职业群体的健康状态直接影响到国民经济发展水平。从企业管理看,通过为企事业单位员工购买社会医疗保险与补充医疗保险、提供年度体检与日常健康管理、设立健康小屋、购买EAP服务,不仅可提升职业群体对所在单位的忠诚度、满意度,还可提升其工作效率,进而为企业发展创造佳绩。

---

① 中华人民共和国主席令第24号,并于2018年12月29日修改。

从企事业单位的组织结构看,最适合对职业群体的健康进行管理的部门是工会。根据《中华人民共和国工会法》,"维护职工合法权益是工会的基本职责",因此,企事业单位的工会本应对职工薪资福利、工作条件的改善负有重要责任。2019 年全国企事业单位的工会会员总数已达 29 412.8 万人,占到全国职工从业人数的 37.97%,随着我国工会职工入会率的不断提升,这一比例仍有提升空间。事实上,目前企事业单位的工会已经承担了职工年度体检、休疗养等与健康管理有关的职能,因而在对职业群体开展健康管理上具有较大的可作为空间。

2) 学校与在校学生群体

各级学校是我国医疗健康服务业对幼儿、儿童、青少年、青年等在校学生群体进行健康管理的重要载体。如果各级学校能够有效地发挥健康管理职能,则有利于提升在校学生群体的健康水平。

早在 1990 年,国家教育委员会、原卫生部便出台了《学校卫生工作条例》,明确要求"城市普通中小学、农村中心小学和普通中学应设卫生室,按学生人数 600 比 1 的比例配备专职卫生技术人员",全国多数学校均已认真执行。随着《中共中央国务院关于加强青少年体育增强青少年体质的意见》《国务院办公厅转发教育部等部门关于进一步加强学校体育工作若干意见的通知》等政策法规的陆续推出,各级各类学校也纷纷对以幼儿、儿童、青少年以及青年人为主要构成的在校学生群体的健康管理展开了积极探索,并业已证明学校确实是推行健康管理的最佳载体之一(冯尔娜,王健行,2013)。

2020 年,全国各级各类学校数量为 478 776 所,共有在校生人数 23 039.80 万人,具体如表 4-26 所示。

表 4 - 26 2020 年全国各级学校数量与分布情况

学校类型	学校数(所)	在校学生(万人)	占人口比例(%)
普通高等教育	2 738	3 285.29	2.33
普通高中教育	14 235	2 494.45	1.77
普通初等教育	9 865	1 628.36	1.15
普通小学教育	157 979	10 725.36	7.60
特殊教育	2 244	88.08	0.06
学前教育	291 715	4 818.26	3.41
合计	478 776	23 039.80	16.32

资料来源:由国家统计局网站相关数据整理而来

上述数据表明,2020 年全国各级各类学校承载了我国 16.32% 的人口。除各级各类学校的校医对学生日常保健工作提供服务外,根据《学校体育工作条例》要求,普通中小学校、农业中学、职业中学、中等专业学校各年级和普通高等学校的一、二年级必须开设体育课。普通高等学校对三年级以上学生开设体育选修课,因此,作为健康管理重要组成部分的体育教学已成为多数学校日常工作的一部分,加之幼儿园、中小学生的中餐、大学生的三餐都要在学校完成,因此,学校还承担了学生饮食健康的管理工作,这些都为学校这一载体层行动者对在校学生群体全面开展健康管理打下了坚实基础。

3)社区与老年群体

根据第七次全国人口普查结果[①],我国 60 岁及以上人口为 2 亿 2 640 万人,占总人口的 18.70%,65 岁及以上人口为 1 亿 9 064 万人,占总人口的 13.50%。与 2010 年第六次全国人口普查相比,60 岁及以上人口的比重上升了35.44 个百分点,65 岁及以上人口的比重上升了34.63 个百分点。随着人口老龄化的不断加剧,与老年群体日常生活关联最为密切的城市社区与

---

① 该普查的截止时间为 2020 年 11 月 1 日零时,覆盖我国大陆 31 个省、自治区、直辖市和现役军人。

农村村落也已开始担负起健康管理的职责,具体如表 4 - 27 所示。

表 4 - 27　2016—2020 年全国社区与村民服务机构与人员构成情况一览

年份	居委会数量(个)		服务机构数量(万人)		社区服务机构数(个)
	社区居委会	村民委员会	社区居委会职工人数	村民委员会职工人数	
2016	103 292	559 186	45.4	231.9	386 186
2017	106 491	554 218	46.9	232.3	407 453
2018	107 869	542 019	48.4	232.3	426 524
2019	109 620	533 073	49.7	230.5	527 757
2020	–		51.2	229.7	492 670

资料来源:由国家统计局网站相关数据整理而来

　　表中的社区服务机构包括社区服务指导中心、社区服务中心、社区服务站、其他社区服务机构等①,可承担面向社区老年人及其家庭的商品递送、医疗保健、家庭保洁、日间照料、陪伴服务等职能。如果能将这些职能与老年群体的健康管理进一步紧密结合,则可大大提升社区对这一群体的健康管理辐射。从组织条线来看,目前社保、民政、老龄委员会、妇联均已进驻社区与村落,并面向 65 岁以上老年常住人口提供居家养老、社区日间看护、健康讲座、健康咨询、健康监测等服务,相信随着长期护理保险工作的进一步推进,社区与村落在老年群体健康管理上发挥的作用将日益显著。

4.4.2　"药"的载体层相关行动者分析

1)生物医药产业园区

20 世纪 80 年代末,国家做出了加速推进生物医药产业发展的战略决

---

①　包括党员活动室、就业保障网络、社区卫生服务站、文化活动室、图书室、"爱心超市"、社区捐助接收站点、警务站(室)、老年活动室、未成年人文化活动场所等具有综合服务功能的机构。

策①。作为高新技术产业园区重要组成部分的生物医药产业园区日益壮大，并承载了国际国内数量庞大的生物医药相关行业企业，是我国药械企业发展的重要载体。

截至 2020 年，我国生物医药产业百强园区主要集中在江苏、山东、广东地区，三地生物医药产业园区累计数量达 40 家，约占全国总数的 21%。具体分布情况如表 4-28 所示。

表 4-28　2020 年我国生物医药产业百强园区区域分布情况

地区	数量（个）	地区	数量（个）
江苏	17	广西	2
山东	13	贵州	2
广东	10	江西	2
湖北	6	辽宁	2
浙江	6	四川	2
湖南	5	福建	1
吉林	5	海南	1
天津	5	河北	1
安徽	4	黑龙江	1
上海	4	宁夏	1
重庆	3	青海	1
北京	2	新疆	1
甘肃	2	云南	1

资料来源：前瞻产业研究院

来自中国生物技术发展中心的数据显示，2011—2020 年期间我国生物医药园区产值规模在经历了 2012—2017 年期间的波动增长后，近三年基本

---

① 详见本书第 3 章。

保持在 10% 左右的平稳增长态势,年均复合增速达 11%。具体如图 4-12
所示。

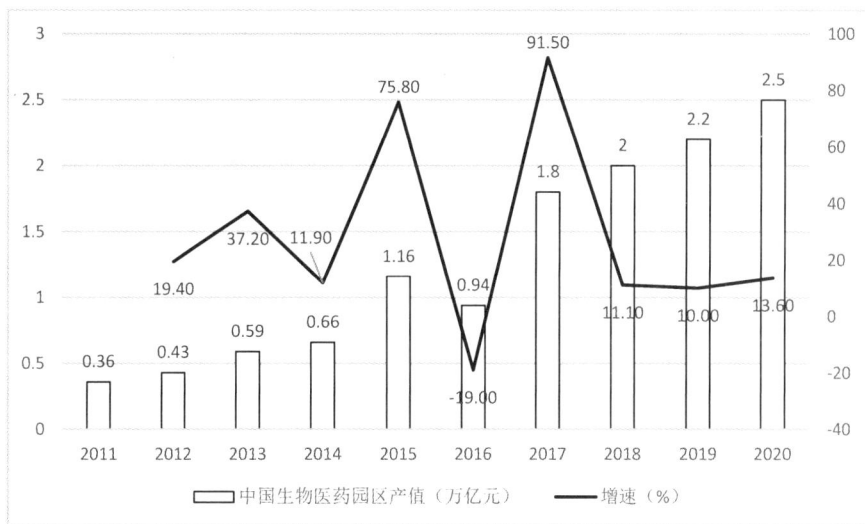

图 4-12　2011—2020 年中国生物医药园区产值规模(单位:万亿元)

资料来源:中国生物技术发展中心官网

2)城乡居民

城乡居民是城镇和农村居民的总称。城乡居民是生物医药产业创新发
展的"始端"和"终端"。在提供前沿市场需求上,城乡居民是我国生物医药
产业面向市场开展研发、生产的重要关联行动者之一。同时,作为实力雄厚
的药械产品消费者,我国城市居民对于生物医药产业的市场规模贡献显著。

由图 4-13 可知,我国城乡居民人均消费支出在 2013—2019 年期间保
持了持续上涨,由 2013 年的 13 220 元提高到了 2019 年的 21 559 元,2020
年稍有回落。城镇居民人均消费支出与城乡居民人均消费支出保持了趋同
的态势,且农村居民人均消费支出呈现出稳步增长态势。

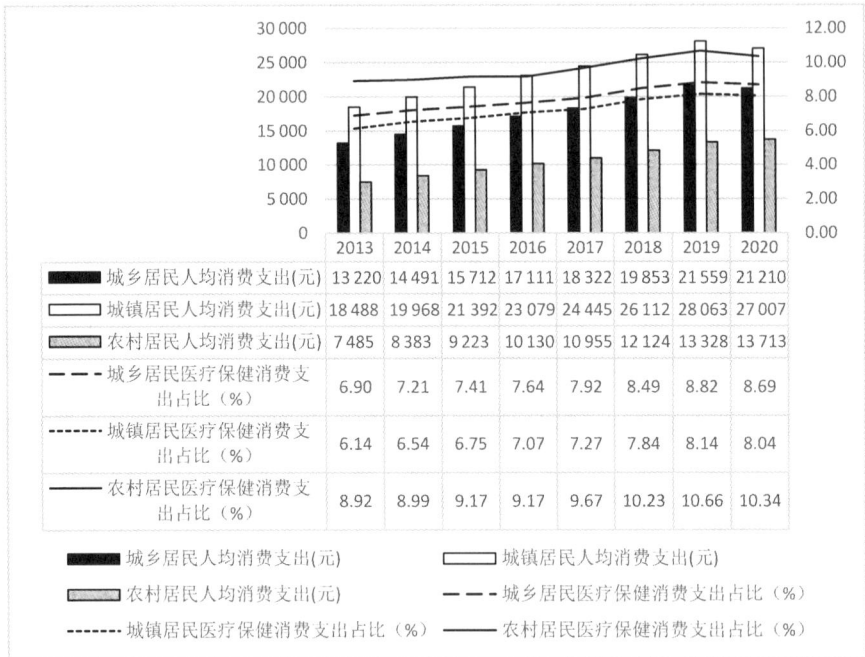

	2013	2014	2015	2016	2017	2018	2019	2020
■ 城乡居民人均消费支出(元)	13 220	14 491	15 712	17 111	18 322	19 853	21 559	21 210
□ 城镇居民人均消费支出(元)	18 488	19 968	21 392	23 079	24 445	26 112	28 063	27 007
▨ 农村居民人均消费支出(元)	7 485	8 383	9 223	10 130	10 955	12 124	13 328	13 713
--- 城乡居民医疗保健消费支出占比（%）	6.90	7.21	7.41	7.64	7.92	8.49	8.82	8.69
----- 城镇居民医疗保健消费支出占比（%）	6.14	6.54	6.75	7.07	7.27	7.84	8.14	8.04
—— 农村居民医疗保健消费支出占比（%）	8.92	8.99	9.17	9.17	9.67	10.23	10.66	10.34

■ 城乡居民人均消费支出(元)　　　□ 城镇居民人均消费支出(元)
▨ 农村居民人均消费支出(元)　　　--- 城乡居民医疗保健消费支出占比（%）
----- 城镇居民医疗保健消费支出占比（%）　　—— 农村居民医疗保健消费支出占比（%）

图 4‑13   2011—2020 年居民医疗保健支出占人均消费支出占比一览

资料来源:根据国家统计局网站相关数据整理而来

城乡居民医疗保健支出将在一定程度上影响着"医""药"产业发展规模,同时,城乡居民对药械产品的认知又会在很大程度上影响着医疗卫生、健康管理机构的专业人员,从而使他们在面对同一品种的进口或国产药械产品时而做出不同的使用决策。

4.5　"医""药"监管层的相关行动者分析

4.5.1　"医"的监管层相关行动者分析

1)国家卫生健康委员会

卫生健康委员会作为国务院的组成部门之一,主要职责包括但不限于制定医疗机构、医疗服务行业管理办法并监督实施,建立医疗服务评价和监督管理体系。会同有关部门制定并实施卫生健康专业技术人员资格标准。制定并组织实施医疗服务规范、标准和卫生健康专业技术人员执业规则、服务规范。

2009 年,随着《中共中央国务院关于深化医药卫生体制改革的意见》(中发〔2009〕6 号,以下简称《意见》)的出台,我国卫生健康委员会会同国家医疗保障局、国家药品监督管理局等部门先后出台了一系列政策与举措,对"医""药"核心层、支撑层乃至载体层相关行动者的行为与相互关系产生了影响,并在推动公立医院改革、落实分级诊疗体系、强化基层医疗卫生机构建设上发挥了积极作用。

2)中华人民共和国民政部

民政部是主管有关社会行政事务的国务院组成部门,主要负责统筹推进、督促指导、监督管理养老服务工作,拟订养老服务体系建设规划、法规、政策、标准并组织实施,承担老年人福利和特殊困难老年人救助工作等。

随着老龄化程度的加深,失能老人增多,家庭养老遇到了照料精力、时间以及专业能力的挑战。针对这些问题,在"十三五"期间,民政部与财政部共同在 203 个地区进行了居住社区养老的试点改革,如推行家庭养老床位这一创新举措;在推进长期护理险上,2018 年与国家医保局出台了《长期护理失能等级评估标准(试行)》,并于 2020 年经国务院同意,国家医疗保障局会同财政部印发了《关于扩大长期护理保险制度试点的指导意见》,在上海、重庆、广东广州、四川成都等 15 个城市和吉林、山东两个重点联系省份试点的基础上,进一步新增了北京市石景山区、天津市、山西省晋城市等 14 个试点城市和地区。这是有关部门对 2019 年政府工作报告提出"扩大长期护理保险制度试点"任务要求的贯彻落实,也是国家对长期护理保险制度自 2016 年在部分地方开展试点以来的进一步深入探索。

4.5.2 "药"的监管层相关行动者分析

1) 中华人民共和国科学技术部

科学技术部是国务院的组成部门之一,负责贯彻落实党中央关于科技创新工作的方针政策和决策部署,在履行职责过程中坚持和加强党对科技创新工作的集中统一领导。2017 年,科技部关于印发《"十三五"生物技术创新专项规划》的通知指出现代生物技术的一系列重要进展和重大突破正在加速向应用领域渗透,在革命性解决人类发展面临的环境、资源和健康等重大问题方面展现出巨大前景。同时明确了四大重点任务,主要包括突破若干前沿关键技术、支撑重点领域发展、推进创新平台建设以及推动生物技术产业发展,这些对生物医药产业的发展和规划起到了有效的监督推进作用。

2) 国家药品监督管理局

国家药品监督管理局是国家市场监督管理总局管理的国家局之一。考虑到药品监管的特殊性,单独组建国家药品监督管理局,由国家市场监督管理总局管理。国家对药品的市场监督实行分级管理模式,药品监管机构只设到省一级,药品经营销售等行为的监管则由市县市场监管部门统一承担。国家药品监督管理局在我国"医""药"协同发展中扮演着重要的行动者角色,详见附表 5。

4.5.3 "医""药"的监管层共有的行动者分析

1) 国务院办公厅

中华人民共和国国务院办公厅是国务院日常工作的执行机构。国务院办公厅为指导、监督全国政府信息公开,主持并负责国务院日常工作发挥参谋助手和运转枢纽作用。例如,2016 年 3 月 4 日国务院办公厅发布的《国务院办公厅关于促进医药产业健康发展的指导意见》针对加快医药产品审批、生产、流通、使用领域体制机制改革,推动医药产业智能化、服务化、生态化,实现产业中高速发展和向中高端转型,不断满足人民群众多层次、多样化的健康需求而制定的法规,对"医""药"的协同发展起到了有效的促进作用。

2)国家发展和改革委员会

国家发展和改革委员会作为政府的重要组成部门之一,主要负责拟订并组织实施国民经济和社会发展战略、发展规划;研究分析国内外经济形势和发展情况,进行宏观经济的预测、预警;汇总和分析财政、金融等方面的情况,参与制定财政政策和货币政策,拟订并组织实施产业政策和价格政策;研究经济体制改革和对外开放的重大问题,组织拟订综合性经济体制改革方案等,其职能涵盖固定资产投资、产业结构、区域经济发展、国内外市场状况,使经济和社会协调发展,推进可持续发展战略,促进就业,调整收入分配,制定相应的行政法规和规章等。

"医"的发展关乎民生,"药"的发展则与国家创新、经济发展密切关联。因此,国家发展和改革委员会对"医""药"协同发展十分重视。例如,2016 年7 月 25 日国家发展和改革委员会发布《关于促进医药产业健康发展的指导意见重点工作部门分工方案》。为推进该方案的落实,该部门还会同卫生、科技、药品、工业和信息化等部门研究制定创新和优秀药品目录,同时积极加强药品医疗器械审评审批体系建设、推动大型医院创建药品、器械示范基地,鼓励医药企业与大型医院合作建设创新药品、医疗器械示范应用基地、培训中心,从而形成示范应用—临床评价—技术创新—辐射推广的良性循环。

3)国家工业和信息化部

国家工业和信息化部是根据 2008 年 3 月 11 日公布的国务院机构改革方案组建的国务院组成部门。其主要职责为:拟订实施行业规划、产业政策和标准;监测工业行业日常运行;推动重大技术装备发展和自主创新;管理通信业;指导推进信息化建设;协调维护国家信息安全等。

医疗卫生机构的信息化建设起始于 20 世纪 90 年代,加之数字化赋能的不断推进,该部门对"医""药"内相关行动者在医药信息系统互联互通、重大技术装备发展和自主创新、健康数据隐私保护等领域的监管将变得更加严格。

4）国家医疗保障局

国家医疗保障局是国务院直属机构。在坚持和加强党对医疗保障工作的集中统一领导的前提下，主要履行如下职责：拟定相关法律法规草案、政策、规划以及部门规章；组织制定并实施医疗保障监督管理办法、医疗保障筹资和待遇政策、相关医保目录和支付标准和医疗服务相关收费政策；建立健全医疗保障信用评价体系和信息披露制度、完善异地就医管理和费用结算政策等等。

在医疗保障治理中，医保部门不是以公立医院为代表的医疗健康服务供给主体的上级，而是地位对等的合同主体（吕国营，2019）。二者之间的关系是通过双方对等协商谈判形成的合同关系，双方的责任和权利都体现在合同约定中。医保部门没有对公立医院为代表的医疗健康服务供给主体发号施令的权利，也应不承担其收支平衡的责任。医保部门对公立医院为代表的医疗健康服务机构的监督，是基于二者之间的合同关系，是甲方对乙方的监督。医保部门对医保定点机构的监管是为了保障合同的顺利执行，避免违约。医保部门对生物医药产业的管理更多地表现为一种激励，即通过建立医保条款，鼓励相关药械企业高效率、高质量地为医疗服务机构提供药械产品。因此，医保部门是医疗健康服务业和生物医药产业共同的监管主体。

第 5 章

当前"医""药"协同发展面临的主要困境与根源分析

本章将从"医""药"协同发展现状出发,对当前"医""药"协同发展面临的主要困境及其根源展开分析,从而为进一步探讨"医""药"协同发展机理提供现实基础。

5.1 "医""药"协同发展的主要困境分析

5.1.1 产业层面协同发展困境分析

1)"医""药"之间发展不够平衡

改革开放以来,"医""药"作为我国大健康产业的两大子系统在各自细分的领域中均已取得了长足发展,但由于二者在大健康产业中的功能定位、产业上下游位置、服务对象上的差别,使得双方在发展上存在一定的不平衡。

从产业的上下游关系看,"医"处于"药"的下游,这使得前者对后者的药械产品销售、产品使用信息反馈上具有较强的话语权。

从产业发展规模看,"医"的发展规模明显大于"药"的发展规模。2019年,我国卫生总费用为 65 841.39 亿元,医药制造业主营业务收入为 23 884.2

亿元,前者明显大于后者。此外,从医疗卫生机构与医药制造业的企业数量上看,前者数量亦明显超过后者,具体如表 5 - 1 所示。

表 5 - 1 2011—2019 年我国"医""药"发展规模一览

指标	卫生总费用(亿元)	医药制造业主营业务收入(亿元)	医疗卫生机构数(个)	医药制造业企业数(个)
2011	24 345.91	14 484.38	954 389	5 926
2012	28 119	17 337.67	950 297	6 387
2013	31 668.95	20 529.53	974 398	6 525
2014	35 312.4	23 350.33	981 432	7 108
2015	40 974.64	25 729.53	983 528	7 392
2016	46 344.88	28 206.11	983 394	7 541
2017	52 598.28	27 116.57	986 649	7 532
2018	59 121.91	24 264.7	997 433	7 581
2019	65 841.39	23 884.2	1 007 579	7 392

资料来源:《中国统计年鉴》与万德(Wind)数据库

从研究型医院与创新型药械企业这两个"医"与"药"核心层中的代表性机构发展情况来看,虽然二者与其所属领域的全球顶级机构相比均存在一定差距,但相对而言,我国研究型医院发展更为迅速。根据自然指数(Nature Index)对全球 100 家研究型医院的排名情况看,2016 年我国只有华西医院进入这一榜单,2017 年便增加到 2 家,但 2021 年时这一榜单中我国研究型医院的数量已增加到 14 家(详见本书第 2 章表 2 - 1);而在福布斯全球企业 2000 强榜单中我国创新型药械企业的数量虽从 2017 年的 8 家增加到了 2021 年的 18 家(详见本书第 2 章表 2 - 3),但总体而言增幅有限。

2)"医""药"之间的协同效应不强

很长时期内,我国"药"中相当比例的生物医药企业将发展的重心放在了仿制药的开发、生产上,这固然与创新药的研发需要更多的资金投入有关,然而,更深层次的原因则是"医""药"之间的协同效应不强,突出地表现为"医""药"之间的协同创新不足。

从"医"的角度看,在不受医保约束的前提下,国内医疗机构、医师更青睐使用进口药品;在学科建设上,国内医疗机构也更倾向与辉瑞公司、罗氏制药等国际一线生物医药企业展开合作,这在省会城市或直辖市的三级甲等医院中表现得尤为突出。从"药"的角度看,作为"医"的上游产业,长期以来向下游输出仿制药,这一方面使得医疗机构、医师甚至居民对其产品质量、创新能力产生质疑,另一方面,那些积极创新的本土药械企业亦很难持续获得来自医疗机构关于药械产品使用情况的信息反馈[1]。这给本土药械企业在现有产品基础上进行改进型创新,进而进阶到原研药械产品开发构成阻碍(于挺,2021)。在药品一致性评价、药品"4+7"带量采购谈判等政策推出后,药械企业想要单纯依靠仿制药实现发展的路径受阻。这本是推动我国本土药械企业自此迈向规模化发展、以追求创新获得长足进步的一个重要契机,但由于社会医疗保险机构与公立医院在控费目标上的刚性特征,能够进入《目录》的药品获得的利润空间明显缩小,致使其创新意愿在一定程度上受到影响。这从国内在创新药领域布局较早的恒瑞医药身上可见一斑:该公司 2020 年的年报虽显示其实现营业总收入 277.3 亿元,同比增长 19.1%;实现归母净利润 63.3 亿元,同比增长 18.8%,但营业收入增速和归母净利润增速则创下自 2017 年以来新低,研发投入增速也呈下降趋势,由 2018 年的 51.79%降低至 2020 年的 28.05%[2]。而 2012 年以来"药"的主营业务收入与利润增速持续放缓,甚至在 2018 年还出现了二者同时呈现负增长的情况(详见本书第 3 章)。这些都在一定程度上反映了当前"医""药"之

---

[1]　所有新药上市前均要通过临床试验环节,因此,在新药临床试验阶段是药械企业与医疗机构合作较为紧密的阶段,但显然新药研发是一个连续的过程,需要医疗机构提供全程使用效果的反馈信息。

[2]　上述数据来自该公司 2015—2020 年年报。

间的协同效应不强的困境。

3)后疫情时代"医""药"合作释放服务潜能不利

当前,在针对新冠病毒的特效药缺位的情况下,事实上,疫情防控的重点已由院内的"治"转向了院外的"防",换言之,为居民提供全方位、全时段的健康管理服务变得极为重要。然而,"医"的核心层除医疗卫生机构、体检中心外,其他健康服务提供尚处于起步阶段,这意味单靠"医"的核心层行动者的力量对居民日益提升的健康需求加以响应进展必然十分缓慢。与此同时,随着数字化赋能的深入推进,"药"中的一些企业开始通过提供可穿戴设备、智能健康监测服务或设施等直接面向居民展开服务,如健康手环、移动健康专家、健康小屋等。然而,由于缺乏医疗机构、医师的深度参与,这些设备、服务提供的权威性极易受到质疑,因而"医""药"携手面向居民提供医疗健康管理服务的广度与深度上作用发挥有限。

5.1.2　产业生态圈层及其相关行动者之间协同发展困境分析

1)"医""药"核心层之间的共振效应不强

"医""药"核心层由一群产业目标相同、功能相似的人类行动者与非人类行动者集合所组成,具体如表5-2所示。

表5-2　"医""药"核心层中的主要行动者

产业生态圈层	行动者归类	行动者亚类	行动者枚举
"医"的核心层	人类行动者	组织或机构类	三级医院、二级医院、一级医院、专业卫生机构、健康管理机构、护理院等
		个体类	医师、护理人员、相关管理人员等
	非人类行动者	物质范畴	床位、场所、专利、合同、论文等
		意识范畴	知识、技术、文化等

（续表）

产业生态圈层	行动者归类	行动者亚类	行动者枚举
"药"的核心层	人 类 行动者	组织或机构类	生物医药企业、医疗器械企业等
		个体类	药械研发人员、药械生产人员、药械销售人员、药械管理人员等
	非人类 行动者	物质范畴	药品、医疗器械、专利、合同、论文等
		意识范畴	知识、技术、文化等

　　由上表可知,"医"与"药"的核心层中分别拥有种类繁多的人类行动者与非人类行动者,但"医"与"药"之间的核心层之间的共振效应不强,主要表现为二者的核心层内的关键行动者研究型医院与创新新型药械企业之间更多地围绕药械产品的采购与销售展开合作,而较少出现知识传播、研发合作等协作行为;在药械产品销售上,更多的药械企业将销售的重点放在了三级、二级医院上,而且对专业卫生机构、一级医院、健康管理机构、康复护理机构的需求关注不足。

　　2)"医""药"其他圈层对核心层发展支持力度有限

　　从"医""药"的支撑层看,随着社会医疗保险的不断发展,目前我国居民基本医疗保险参保覆盖率稳定在 95% 以上,这意味着越来越多的药械产品将由社会医疗保险机构支付。事实上,药品"4+7"带量采购的推出也确实对药械企业产品的销售起到了促进作用,但由于社会医疗保险对药械产品覆盖的范围有限,为了进一步减轻居民的疾病经济负担,这就需要商业健康保险提供补充方案,在深度响应居民健康需求的同时,亦可有效促进"医""药"的协同发展作用,但目前我国健康保险的发展较为落后,主要表现为人口覆盖率远远低于社会保险,截至 2020 年底仅为 42.7%,从渗透率来看我国商业保险深度和保险密度分别只有 4.3% 和 430 美元,在全球的排名分别排为第 38 位和第 46 位。这不仅远低于发达国家保险市场的水平,也低于全球保险业的平均水平(银保监会,2020)。因此,健康保险机构作为"医""药"共同的支撑层内的行动者对"医""药"协同发展贡献有限。

从"医""药"的载体层看,企事业单位、社区以及各级各类学校作为承载层的重要行动者,承载着我国各地近70%的常住人口[①],这意味着载体层的相关机构本可以代表居民要求"医""药"协作提供更多全方位、全时段、全生命周期的医疗健康服务,但由于这些行动者在居民健康管理中的定位尚不够清晰,因而载体层对"医""药"协同发展的推进作用亦有所不足。

3) 产业主体之间的协同效应不强

医疗机构与药械企业分别是"医""药"核心层中最具代表性的行动者。新医改以来,医疗机构与药械企业都面临内求发展,同时要应对技术与制度环境变化的挑战,但从二者之间在产品销售/采购与价值流动、信息交换与反馈、培训与交流、研发合作等维度的合作上来看尚有诸多不足。

在产品销售/采购与价值流动上,我国医疗机构、医师更为青睐进口药与医疗器械,虽然在"4+7"带量采购制度推行后,国产药械产品越来越多地进入到《目录》中,但从局部调研情况看,如果在不考虑社会医疗保险或商业健康保险覆盖的前提下,医师们更倾向选择进口药或外资企业在我国境内生产的药械产品;在信息交换与反馈上,除临床试验阶段外,医疗机构极少向药械企业提供关于产品使用效果的反馈信息;在培训与交流上,主要表现为个别药械企业为推销其产品而向医疗机构展开的偶发性培训行为。这种由产业链条上处于相对弱势地位的主体向强势主体展开单向培训的现象,值得关注与反思;在研发合作上,主要表现为药械企业与个别医疗机构或医师个人之间自发形成的点状、局部合作,尚未形成"立项—研发—生产—销售/采购—使用与反馈—再立项"的循环往复的、医疗机构与药械企业全程互动的深度研发合作。

---

① 此数据为推算数据。

5.2　导致"医""药"协同发展困境的根源分析

5.2.1　"医""药"发展目标未能有效协同

"医""药"发展目标的协同具有层次性。从产业层面看,"医""药"均属大健康产业的子系统,均应当以大健康产业的目标落实为己任,"医""药"提供的产品或服务都应提升居民健康水平;从产业生态圈层来看,除了"医"与"药"各自的核心层、支撑层、载体层、监管层之间要相互协同以实现"1+1>2"的产业内协同效应,同时"医""药"之间的产业生态圈层之间也要相互协作,使得"医""药"之间实现"1+1>2"的产业间协同效应。

"医""药"中有相当比例的医疗卫生机构与药械企业归属国有,因此,如果卫生、科技、药监、社保、财政、发展与改革等相关监管部门配合得当,那么对"医""药"协同发展必会十分有利。然而,由于这些部门均须承载、履行各自的职能目标,因而在监管过程中也会面临一定冲突。例如,发展与改革部门为实现产业发展目标而力求激活相关产业要素,但必须以充分竞争为前提,这就可能与某些地方部门出台的优先采购本地药械产品的政策构成冲突;医保机构为提升基金的使用效能,会积极推动医疗机构缩短患者住院时间,这会使得新药研发的临床试验环节变得日益艰难,从而给药械企业的临床研究带来困难。而医保部门在药械集中采购环节上的"灵魂砍价",虽降低了患者诊疗疾病的经济负担,但同时也压缩了药械企业的利润空间,进而可能降低其对新药或创新型医疗器械研发投入的热情。

5.2.2　"医""药"产业层面的纵向布局带来诸多弊端

长期以来,我国医疗健康服务供给采取"以医院为中心"的链状模式。在这一模式下,医疗健康服务、药械产品供给与居民需求之间为纵向布局关系,即医疗机构是医疗健康服务供给的核心,药械企业通过向医疗机构供应药械产品间接地向居民提供服务,而居民患病后赴院就医,具体如图 5-1 所示。

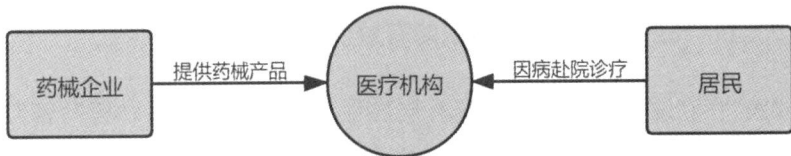

图 5-1　"以医院为中心"的"医""药"产业纵向布局示意图

"医""药"产业的纵向布局引发以下弊端:

1)资源配置错位:不利于"医""药"协同释放服务供给潜能

从分级诊疗、医联体建设、促进医疗下沉等"医"的改革举措来看,说明在"以医院为中心"的链状服务供给模式下,医疗机构在响应居民健康诉求中更倾向于在"医"的内部进行改善和提升资源利用效率,而未能与创新型医疗设备设施、新型业态相结合,因而难以将医疗健康服务延伸到居民家庭、职业场所、社区等更加广泛的场景,即"医"在医疗健康服务供给上呈现出"单兵作战"态势,而未能与"药"的相关行动者协同并进。

2)数据共享不足与服务缺失并存:"医""药"体制优势难以发挥

目前,有关部门对健康数据的监管重点更多地放在了数据安全上,而对数据公开、共享以促进主体间的衔接等价值关注尚不够充分,致使"医""药"相关行动者之间协同不足。具体表现为以下方面。

一是存在健康数据共享与服务的缺失。这一方面表现为面向全体居民、全生命周期的健康档案管理十分薄弱,居民珍贵的健康数据散落在医院、体检中心、企事业单位、各级学校以及社区之中;另一方面药械企业在新药与创新型医疗器械开发上又很难系统获得关于居民健康需求、药械使用效果、健康指标监测等方面的数据,这给药械企业的创新带来困难。据了解,进口药的价格之所以昂贵的原因在于欧美国家的药械企业在新药开发过程中需要花大价钱购买健康数据。当前,国内一些企业为了降低药械产品的开发成本倾向于开发仿制药,其实是对我国在原研药或改良药上的体制优势缺乏充分的认识:我国的医疗机构、药械企业、医药流通企业以及相关高校与科研院所多归国有,如果通过可靠的健康信息管理机构提供全面、系统的居民用药效果、不良反应等数据,我国药械企业就可以不花钱或只花很少的钱来开展新药或创新型医疗器械的研发。然而,由于缺乏对居民健康数据的重视,加之可靠的健康信息管理服务机构缺位,致使这些弥足珍贵的健康数据资源被严重浪费。与此同时,本土药械企业的产品开发则不得不"另起炉灶",其艰难程度是可想而知的。而最终的结果必然是"医""药"协同发展的体制优势难以发挥,而劣势亦难以克服。

二是缺乏医药研发团队之间的数据共享。这使得一些实验与临床试验被反复操作,在耗费大量人力、物力资源的同时,也使得新型药械产品的研发周期延长、研发成本增加(魏宝康,2020),从而造成"医""药"整体创新效率低下。

3)创新闭环缺失:引发"医""药"诸多维度协同失灵

在产业纵向布局下,"医""药"核心层内的关键行动者研究型医院与创新型药械企业之间很难建立起由"研发前—研发中—研发后"等环节构成的创新闭环,这使得本土药械企业的创新成果难以响应医疗机构的临床需要,自然也对居民的健康诉求亦响应不足。另一方面,由于本土药械企业很难持续获得来自医疗机构的关于药械产品使用结果的反馈信息,致使这些机构在研发立项、产品改进上易于陷入盲目状态。目前,虽然一些药械企业已与医疗机构之间自发形成了点状合作,但并未形成基于产品"立项—研发—生产—销售/采购—使用与反馈—再研发"的创新闭环。在当前链式的创新模式下,药械产品研发人员很难对医疗机构、居民/患者的健康需求做出主动、快速的响应,主要凭经验、直觉、滞后的文献或突发事件启动研发立项,这使得以立项为核心的"研发前"这一关键环节往往与疾病诊疗过程、居民全生命周期、全方位的健康需求相互脱节。同时,由于一旦进入生产、销售环节便意味着研发过程的结束,从而使得药械产品在使用过程中的信息反馈无法让研发人员及时获取,这对本土药械产品的持续改进与新一轮研发是极为不利的(胡灵,2019)。如果"医""药"之间的创新闭环无法形成,将会导致药械产品改进方向不明、研发成本高企、研发水平低下等问题。

更为关键的是,"医""药"之间的产业互信是决定其能否协同发展的重要因素。"医""药"之间的产业互信从表象上主要表现为我国医疗机构是否采购本土药械企业的产品、相互展开培训与交流、持续进行信息交换以及研发合作,本质上则承载着相关行动者对本土药械产品的认知以及由此产生的行动。在我国生物医药产业发展初期,大量药械企业通过生产仿制药或医疗器械扩大发展规模,甚至一些不法企业还生产劣质品,这使得医疗机构、医师、居民、医保与商业健康保险等相关主体对本土药械产品产生了不信任,致使一些医疗机构的医师更倾向于使用进口药或医疗器械。在药品一致性评价政策推出后,这一现象虽有所缓解,但仍有一些医师和患者对国产药械的质量抱着质疑的态度。

这些问题的存在,对我国"医""药"深度协同发展极为不利。

第6章

促进"医""药"协同发展的成功经验借鉴

对国内外促进"医""药"协同发展的成功经验进行分析与借鉴,一方面可通过现象的概念化,以资提炼、构建可供解释我国"医""药"协同发展机理的理论分析模型;另一方面,也可为后续设计促进我国"医""药"协同发展的推进路径与对策提供思路。

6.1 国外经验借鉴

6.1.1 长木医学区:打造"医""药"协同发展生态环境

美国的马萨诸塞州拥有全球首屈一指的生物医药产业集群,有六大生物医药产业集聚区,拥有超过 550 家药械企业,其中创新型药械企业达 300余家。作为马萨诸塞州的核心,波士顿地区是全球最具活力的生物医药产业集聚区之一,涵盖化学药、生物药、医疗健康产品、医疗器械等诸多领域的研发和生产。区域内生物技术和制药企业超过 240 家,代表性企业包括百健(Biogen)、诺华(Novartis)等全球知名企业。

在波士顿的西南部坐落着拥有"医学界华尔街"之称的长木医学区

（Longwood Medical and Academic Area，LMA），堪称世界著名的健康、医疗教育和医药研究中心。在这个占地面积不到一平方公里的区域①内竟聚集着众多全球顶级的医院、创新型药械企业、大学医学院以及学术机构。成立于 1972 年的医学学术与科学社区组织（Medical Academic and Scientific Community Organization，MASCO）是"隐身"于长木医学区背后默默为区内会员单位提供支持的非营利组织。MASCO 专门吸收长木医学区内的知名机构做会员单位，并为他们提供准入、交通、成本节约、应急准备、基础设施和地区规划等服务。表 6-1 从 MASCO 的会员单位中选出了 15 家与"医""药"相关的机构，并对其功能定位加以分析，具体如表 6-1 所示。

表 6-1 LMA 区域内与"医""药"相关的 MASCO 会员单位一览

机构名称	功能定位
哈佛医学院	教学、科研
哈佛大学陈曾熙公共卫生学院	教学、医药卫生政策研究
哈佛牙科医学院	教学、科研
波士顿儿童医院	科研、临床、教学
达纳法伯癌症研究所	科研、临床、教学
布莱根妇女医院	科研、临床、教学
贝丝以色列女执事医疗中心	科研、临床、教学
乔斯林糖尿病中心	科研、临床、教学
法官贝克儿童中心	科研、心理健康咨询、教学
麻省药学与健康科学大学	教学、科研
马萨诸塞州心理健康中心	科研、心理健康咨询、教学
马萨诸塞州眼耳医院	科研、临床、教学
默克研究实验室	研发

---

① 具体面积约为 0.86 平方公里。

（续表）

机构名称	功能定位
芬威健康	科研、临床、教学
波士顿大学	教学、科研

资料来源：由 MASCO 官网资料整理而来

长木医学区案例对促进我国"医""药"协同发展有如下启发。

一是打造品牌园区，促进创新资源集聚。往往"医""药"协同发展较好的医学园区，同时也是能够吸引全球顶级研究型医院与创新型药械企业聚集的集聚区。在长木医学区研究型医院与创新型药械企业云集的背后是人才、资金等创新资源的高度汇聚。在这片区域上，每天大约有 11.2 万人次到访，包括员工、学生、志愿者、非成员员工、患者和访客；每天超过 57 000 名员工和 129 000 名学生提供医疗健康服务、进行科学研究、教学、上学或以其他方式支持这些功能的实现。同时，每年来自全球各地的"医""药"领域的优秀人才也纷纷申请来这里学习、工作或进修，从而进一步促进了人才资源的汇聚；从资金来源看，除了创新型药械企业的自筹资金外，长木医学区内的科研机构与研究型医院的主要资金来自美国国立卫生院（National Institutes of Health，NIH）。据统计，2018 年该医学区内的机构共获 NIH 资助金额合计 11 亿美元，约占马萨诸塞州获得资助金额的 43%。换句话说，如果以长木医学区获得的 NIH 资助用州的身份参加排名，相当于全美排名第七的州，位列马里兰州之前与得克萨斯州之后。长木的特色研究领域涵盖了糖尿病、癌症、心脏病、阿尔茨海默病和遗传性疾病等疾病类型，刚好与 NIH 致力于破解人类常见病和罕见病的定位相匹配。

二是区域内的众多机构事实上已经构成了创新联合体。在医学区内汇聚了多个来自核心层、支撑层、载体层等"医""药"产业生态圈层的行动者，事实上已经形成一个"医教研产"于一体的创新联合体，监管部门虽然并不"扎堆"其中，但素有"全球卫生领袖摇篮"之称的哈佛公共卫生学院亦不乏为世界卫生组织(WHO)、美国历任总统出谋划策的顶级专家,这意味着这一地区在"医""药"协同发展的政策供给层面上可以与全球、全国的监管层行动者之间保持密切的互动。

三是机构内任职体系对"医""药"协同发展的促进。在医学区内"医""药"相关主体不仅在空间上邻近,而且有着千丝万缕的联系。如波士顿儿童医院、布莱根妇女医院、贝斯以色列女执事医疗中心、达纳法伯癌症研究所和乔斯林糖尿病中心都与哈佛医学院有着密切的科研、临床、教学上的关联,许多教授或专职研究人员同时会在两家甚至多家机构任职[①],这就使得一些研究型医院的临床科学家同时也是某家创新型药械企业的首席科学家,从而实现了"医""药"之间的深度关联。

6.1.2　凯撒医疗集团:由健康保险机构触发的"医""药"协同创新

美国的凯撒医疗集团(Kaiser Permanente,Kaiser)是全球最大的健康维护组织(Health Maintenance Organization,HMO)。截至 2020 年,该集团在美国 8 个州拥有 39 家医院,旗下共有 2.4 万名医生、6.4 万名护士,共21.7 万医院员工,并在全球拥有超过 1 240 万名的会员[②]。凯撒医疗集团独特的医疗管理模式曾经在奥巴马总统的讲话中被多次提及。该集团由凯撒基金健康计划(Kaiser Foundation Health Plan,KFHP)、凯撒基金医院(Kaiser Foundation Hospitals,KFH)、凯撒医生集团(Permanente Medical Group,PMG)这三个独立运营又相互依存的主体共同构成。在一体化系统内形成了提供医疗服务并进行医疗保险支付的商业闭环。与此同时,凯撒医疗集团的风险投资部门还对生物医药初创企业开展投资,其风险投资的运作并不仅仅只是为了创收,更在于为自身引入创新的产品和服务,从而不断提升医疗服务质量,为其会员带来更加完善的服务。

---

① 这些机构的职位任职体系中存在第一职位(Primary Position)与第二职位(Secondary Position)。
② 以上数据来自凯撒医疗集团 2020 年年报。

接受凯撒医疗集团风险投资的初创公司收益十分丰厚。首先,凯撒医疗集团能够为初创公司的经营者们提供丰富的行业经验和战略指导,并为他们保驾护航。其次,凯撒医疗集团能为接受投资的初创公司提供庞大的医疗网络接入渠道,还为这些公司和其他权威机构搭建战略合作的桥梁,例如提供与塔夫茨健康计划、澳大利亚医院捐款基金等世界级投资合伙人的接触机会等。

凯撒医疗集团通过商业保险的支付力量促进"医""药"协同发展的做法值得借鉴:这不仅在保险公司、医院、医生集团以及风险投资一体化的封闭体系内实现了高效运营,而且还运用风险投资加强了其医疗健康服务机构与生物医药企业之间的协同,堪称整合医疗服务模式的典范。

6.1.3　英国癌症医药基金:社会医疗保险推动新药创新

1946 年英国颁布了《国家卫生服务法》,并于 1948 年构建了覆盖全体居民的国家健康服务系统(National Health Service,NHS),也称国民健康保险制度。NHS 的筹资主要来自政府的财政收入,采用现收现付模式。

2011 年,由 NHS 牵头成立了癌症药物基金(Cancer Drugs Fund,CDF),该基金旨在帮助癌症患者更快、更低成本地获得并使用创新药(Stephens 与 Thomson,2012)。基金的预算全部来自 NHS 的拨付,因而从本质上看,CDF 是专门为抗癌创新药品提供临时报销补偿的过渡性社会医疗保险基金(吕兰婷与余浏洁,2019)。这与国际上逐步开始探索的过渡基金保障模式的趋势相契合,从而有效地搭建了高值创新药品与公共医保之间的桥梁。目前,CDF 采用"分类筛选—补偿孵化—逾期分流"三阶段运作机制(丁锦希等,2020),以不断提升基金可持续性与管理科学性,具体如图 6-1所示。

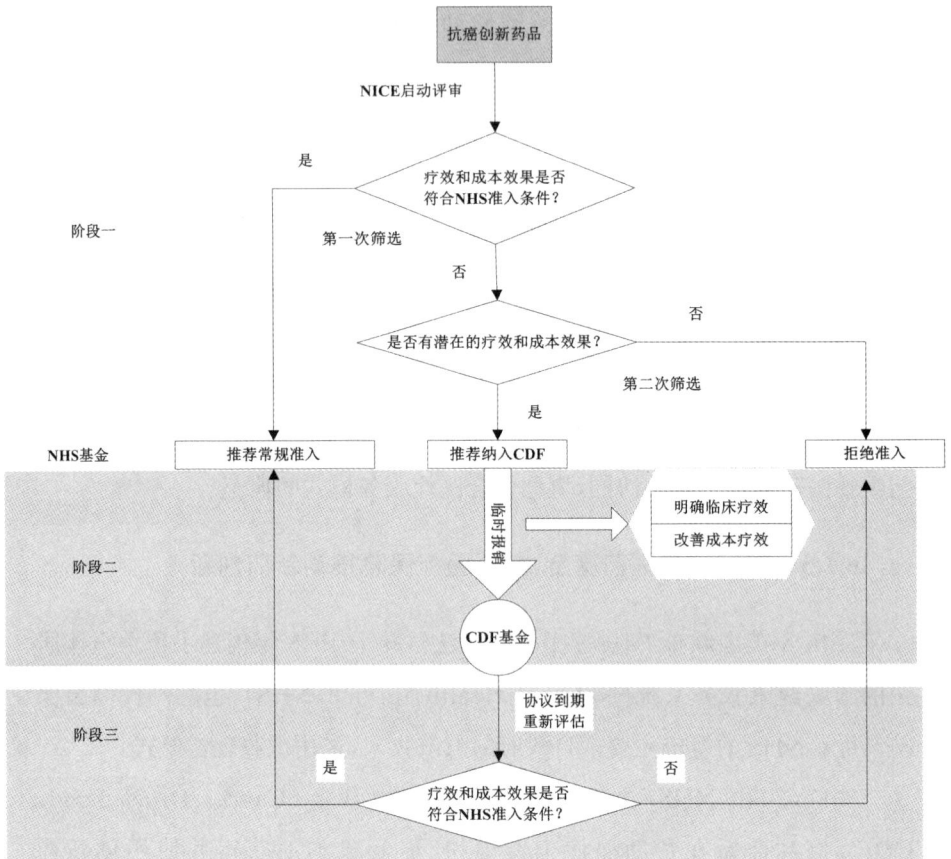

图 6-1 CDF 的"三阶段"运作机制

资料来源:丁锦希,吴逸飞,李佳明,李伟.高值创新药品过渡基金保障模式研究——基于英国癌症药物基金的实证分析[J].中国新药杂志,2020,29(15):1692.

由上图可知,抗癌创新药要被纳入癌症医药基金报销补偿范围,需要经过三重关口。第一阶段为分类筛查期,主要考察创新药的潜在疗效与成本节约。申请临时报销补偿的高值抗癌创新药须接受英国国家卫生与社会服务优化研究所(National Institute for Health and Care Excellence,NICE)的审评。启动审评后,如果疗效和成本效果均符合 NHS 准入条件,就会被推荐纳入 NHS 的常规准入;如果疗效和成本效果不符合 NHS 准入条件,但经 NICE 评审又具有潜在疗效和成本效果时,就会被推荐纳入 CDF 支付,这其实是给了一些目前尚不符合 NHS 常规支付标准,但可能通过改进最终被纳入常规支付范畴的创新药①一次机会。第二阶段为补偿孵化期,CDF通过临时报销的方式,不仅为使用此类药物的患者在第一时间提供医保报销补偿,更重要的是还通过与企业签订系列管理协议,强化药物使用数据收集,推动企业积极采集能够证明该高值抗癌创新药品确实在临床疗效和成本效果两个维度上较其他创新药品富有价值的证据。第三阶段为逾期分流期,CDF 利用新收集的数据对高值抗癌创新药品的临床疗效和成本效果展开重新评估,对在临床疗效和成本效果上达到 NHS 准入条件者即转入 NHS常规支付范畴,否则便会被淘汰出局。

由 NHS 这一医疗服务提供与社会医疗保险支付主体牵头设立的 CDF对于促进我国"医""药"协同创新具有如下启发。

一是用好社会医疗保险支付对药械产品创新的激励。社会医疗保险机构作为第三方支付主体,可以通过调整支付范畴、支付方式等激励机制影响药械企业的创新行为,在 NHS 牵头设立 CDF 对高值创新药品进行过渡支付的案例中,提示医保机构还可以考虑设立过渡基金的机制,更加有针对性地激励那些对居民健康水平富有价值的高值药械产品创新。

二是用好社会医疗保险支付力量促进药械研发主体间的深度创新协作。在 CDF 对高值创新药品提供过渡基金保障的"分类筛选—补偿孵化—逾期分流"三阶段运作机制中,NICE 无论是对高值创新药品推荐准入评审上,还是不断推动企业收集药物使用数据,实际上都运用了社会医疗保险基金的影响力,从而领导并推动了药械企业与医院之间在新药研发合作上的深度协同。

---

① 这些药品通常有三类:一是初步显示有临床疗效,但不确定;二是可能具有成本效果,但不确定;三是可通过补充收集数据,减少不确定性。

6.1.4　Florence：运用区块链技术增进"医""药"主体间互信

Florence 总部位于美国乔治亚州阿特兰大市,利用区块链技术可溯源、可多节点部署的特性使临床研究更富有效率,同时还可加强临床研究赞助商与临床研究者之间的信任与合作,这是十分典型的运用现代信息技术增进"医""药"主体间互信的案例。

在美国食品药品监督管理局的严格审批下,新药通常需要经过三轮临床试验以证明其安全性与有效性,方能确定临床剂量。因此创新药的研发与审批时间很大程度取决于临床试验的周期与最终结果。在美国,目前从发现到产业化完成一个新药的平均时间为 10～12 年,并且每种药物的平均研发成本为 21.68 亿美元。即便如此,90%的药品依然无法通过 II 期临床试验和后期的药品评审。因此,Florence 通过建立基于区块链的临床试验管理系统以及试点监测以确保临床试验高效与安全,进而改进临床试验效率,促进新药创新。据报道,Florence 系统能使临床试验效率提升 10 倍。

Florence 主要提供电子文件夹(Florence E‐Binder)、电子试验主文件(Florence eTMF)、电子试验信息中心(Florence E‐Hub)三种临床管理解决方案。

Florence E‐Binder 是服务于临床试验点的电子文件夹。首先,此软件可以加快工作流程。通过集成所有的临床试验系统与自动化程序管理,Florence 的区块链技术增进了临床试验的赞助方与服务方的信任,实时跟踪研究进度并在多节点更新,以保证在数据安全的前提下实现远程监控。

Florence E‐Binder 具有自动跟踪并审核临床试验合规性的功能,使研究者的成果可以更好地符合审批规范[①]。另外,该软件能促进临床试验机构与临床研究资助者或 CRO 之间的合作,从而进一步推动医药领域的技术创新。目前,远程监视和临床试点试验信息访问功能是临床研究赞助商和

① 自动审核以下 FDA 标准与法规:CFR 21 第 11 部分,GDPR,EMRA,Annex‐11 和 HIPAA法规。

CRO 选择临床研究站点的重要决定因素。Florence 通过其软件远程为临床站点获取以上功能,帮助站点获取临床研究赞助商与 CRO 的信任。相对于服务于临床试验点的 Florence E‑Binder,Florence eTMF 与 Florence E‑Hub服务于临床研究的赞助商或者 CRO。区别于 Florence E‑Binder, Florence eTMF 帮助赞助商促进其旗下不同试验点的合作,从而实现了由赞助商源头开始的数字化。Florence E‑Hub 的远程试验点监督功能使赞助商迅速了解进度落后的试验点,同时可以将研究启动速度提高 25%,预测并实现更短的启动和关闭试验点来了解其他竞争性研究。

　　截至 2021 年 8 月,已有来自 44 个国家或地区的 10 000 个研究团队开始使用 Florence 以实现数字研究运营、消除纸质工作流程并开启集成远程站点访问与监控。作为一个创业公司,Florence 正处于 B 轮融资阶段,已融资 880 万美元。

　　Florence 的案例对促进我国"医""药"协同创新具有如下启发。

　　一是用好区块链技术增进主体间的信任。基于区块链形成的临床试验数据无法篡改,这让参与临床研究的赞助商、临床试验机构或 CRO 之间易于建立信任关系,而 Florence 提供的远程监视与临床试验信息访问功能则强化了这种信任关系。

　　二是用好区域链技术提升临床试验效率。Florence 在提供实时跟踪研究进度上,采取了多节点更新技术,这既有利于帮助临床试验机构通过不断提升自身效率获得临床研究赞助商与 CRO 的信任,也有利于促进不同临床试验机构之间的合作。

6.2　国内经验借鉴

6.2.1　华西医院:通过市场内部化破除"医""药"协同发展壁垒

华西医院是中国西部疑难危急重症诊疗的国家级中心,也是世界规模第一的综合性单点医院,拥有中国规模最大、最早整体通过美国病理学家学会(College of American Pathologist,CAP)检查认可的医学检验中心。根据该官网公布的数据,在教育部 2017 年学科评估中,临床医学和护理学排名 A-,中西医结合医学均排名 B+;现有教育部国家重点学科 9 个,重点培育学科 2 个;有国家卫生计生委国家临床重点专科 32 个,数量名列全国医院第一;在复旦大学中国最佳专科声誉和最佳医院排行榜上,连续十一年名列全国第二;2018 国家三级公立医院绩效考核等级为 A++,排名全国第二。领军人才方面,拥有两院院士 1 人、973 首席科学家 3 人、高端引进人才 43 人、省级学术技术带头人 121 人。

华西医院作为我国唯一一家连续 6 年进入"自然指数(Nature Index)"排名前 100 位的研究型医院,长期坚持立足医学临床学科建设,1999—2000年通过股权投资将四川华西健康科技有限公司、成都利康实业责任有限公司、成都华西海圻医药科技有限公司等 3 个创新型药械企业纳入麾下,并间接控制了这 3 家公司下属的 37 家子公司(详见表 6-2),从而通过内部化的方式彻底打通了"医""药"之间的产业壁垒,进而为"医""药"协同发展提供了有效机制。

表 6-2　华西医院一级下属公司及其子公司情况一览

一级下属公司名称	成立时间	业务范围	子公司(个)
四川华西健康科技有限公司	1999 年	华西医院原投资公司的归口管理和作为投资运营平台,运作、管理华西医院的各类对外投资项目	24
成都利康实业责任有限公司	2000 年	医学生物技术、医用材料、试剂、药品的研究开发	12
成都华西海圻医药科技有限公司	2000 年	新药临床前安全性、有效性评价的服务	1

资料来源:由华西医院官网相关数据整理而来

华西医院的经验为我国推进"医""药"协同发展带来了如下启示。

通过市场内部化实现"医""药"之间的紧密合作。根据交易成本理论，组织的存在可以降低市场交易带来的不确定性(周雪光,2003)。在"医""药"协同发展中,华西医院通过成立或并购四川华西健康科技有限公司、成都利康实业责任有限公司、成都华西海圻医药科技等药械企业,可以减少医疗机构与药械企业在合作研发中的信息不对称,提升创新效率。在实现市场内部化后,药械企业与医疗机构之间的目标更加一致,因而在合作研发上更容易形成"医""药"间的创新闭环。

6.2.2　微创医疗:积极打造全球创新合作网络

微创医疗创立于 1998 年 5 月,位于张江高科技园区,2010 年 9 月 22 日在香港联合交易所上市。作为中国领先的高端医疗器械企业,微创医疗专注于在全球范围内研发、制造以及销售医疗器械产品。目前已上市产品 178 个,主打产品为冠脉药物支架、人工关节、大动脉支架、脑血管支架、电生理设备等。其中,冠脉药物支架产品是第一个国产药物支架系统。截至 2021 年,公司已上市产品 400 多个,全球专利申请 6 800 余项,与全球 10 000 多家医院展开合作。在全球范围内,平均每 6 秒就有一个微创医疗的产品被用于救治患者生命或改善其生活品质或用于催生新的生命。

微创医疗通过"1+12+1"创新与产业化平台,在全球、全国范围内与研究型医院、创新型医疗器械企业、高校与科研院所构建起了集研发、生产、临床、营销于一体的医工交叉合作体系。

微创医疗的做法为我国推进"医""药"协同发展带来如下启示。

一是注重产学医工联盟的构建。微创医疗力求与介入类医疗器械上下游有关的优势高校和科研院所开展全面的技术合作,共同研发创造具有国际领先性的专利技术。为了实现在原材料革新上的突破,改变微创医疗其原材料完全依赖进口的局面,在产业链上游与上海交通大学合作成立"上海微创—上海交大介入医疗器械材料研发中心",共同合作攻关国家重点科技项目;在下游产业链上则与海军军医大学(原第二军医大学)合作,通过临床试验进一步验证、改进产品功能。

二是注重与医疗器械使用者之间的合作研发。通过与复旦大学附属中山医院、上海交通大学医学院附属瑞金医院等在心血管专科上具有明显优势的医院合作,以解决临床医师的问题为出发点,一旦发现方案可行,便由微创医疗的工程师和临床专家建立项目制团队,共同合作展开技术创新,在项目合作的基础上打造了由"研发前—研发中—研发后"这一首尾相连、循环往复、封闭的创新闭环,从而有效提升了研发效率。

三是注重与监管者之间的协同。《中国(上海)自由贸易试验区内医疗器械注册人制度试点工作实施方案》的出台,正是微创医疗旗下的子公司为解决新产品注册过程遇到的难题,从而与上海医药监管部门共同展开政策探索。2018 年,在注册人制度试点工作开展后,微创医疗生产的单道心电记录仪获得由上海市药品监督管理局颁发的第二类医疗器械产品注册证,成为首个按照《中国(上海)自由贸易试验区内医疗器械注册人制度试点工作实施方案》获批上市的医疗器械,也是国内首个享受到医疗器械注册人制度新政的产品,搭上了优先审批的快批列车,在避免了生产环节的重复投资的同时,可以将创新产品快速地推向市场。

6.2.3　药明康德:以研发外包实现全产业链布局

药明康德成立于 2000 年,是全球领先的制药、生物技术以及医疗器械研发外包服务公司,在中美两国均有运营实体。2007 年公司在纽交所成功上市。经过 20 多年的努力,药明康德成功打造了全方位一体化的研发服务技术平台。药明康德向全球制药公司、生物技术公司以及医疗器械公司提供一系列全方位的实验室研发、研究生产服务,服务范围贯穿从药物发现到推向市场的全过程。药明康德的服务旨在通过高性价比、高效率的外包服务帮助全球客户缩短药物及医疗器械研发周期、降低研发成本。

药明康德的发展对于我国推进医药协同发展具有如下启示。

一是对研发业务支撑定位落实精准。作为"药"的支撑层中重要行动者之一,药明康德由从事海外小分子新药研发服务起步,创建之初,凭借其在发现化学合成领域的雄厚实力实现了全面发展。经过 20 多年的努力,药明康德成功打造了全方位一体化的研发服务技术平台。公司已经建立了从药物发现到临床前开发,临床试验及小分子化学药生产的贯穿整个新药研发过程的综合服务能力和技术,成长为全球医药研发领域中覆盖全产业链的、排名靠前的综合新药研发生产服务平台,对药械企业这一"药"的核心层关键行动者的发展起到了有效的支撑作用,从而实现了"药"的核心层与支撑层之间的产业生态圈层的协同发展。

二是善用临床研发外包功能贯通"医""药"资源。作为新药研发生产服务的提供商,公司业务目前已经覆盖了新药研发的全产业链,其中小分子化学药的发现、研发和生产服务已经十分成熟,临床 CRO 服务正在快速发展。此外,公司还在境外提供医疗器械检测及细胞和基因治疗的研发生产服务,整体来看,公司已经可以以全产业链平台的形式面向全球制药企业提供各类新药的研发、生产及配套服务,"一体化、端到端"的研发服务平台优势十分显著。公司通过打造 CRO＋CDMO 一体化赋能平台,发力全产业链布局。

6.2.4　高博医疗集团:以金融资本驱动"医""药"深度协同发展

成立于 2017 年的高博医疗集团是高瓴资本全资控股的医疗平台。该集团专注于打造"医产研"一体化的医疗服务和科技创新平台,致力于搭建接轨国际领先医疗技术,构建医学人才交流和培养的医学服务与交流平台,建设研究型团队和国际标准的 GCP 中心及医学研究中心,助力产业交流及促进新药和新技术的临床转化的产业转化平台。目前,高博医疗集团旗下已有 5 家研究型医院在北京、上海及广东同时运营,拥有 800 张床、88 间造血干细胞移植仓。2020 年 9 月,高博医疗集团旗下北京昌平国际研究型医院奠基开工,医院总建筑规模近 10 万平方米,规划床位约 500 张,建成后将主要承载药物临床试验、研究者发起的临床试验、临床发现与转化中心、全球疑难重症的诊疗及研究等核心功能。

作为一家医疗平台,高博医疗集团在促进我国"医""药"协同发展上具有如下启示。

一是借助金融资本架构医疗平台。高博医疗集团是由私募巨头高瓴资本的全资控股的医疗平台,这说明高博医疗集团在创建上不仅依托丰富的医疗科技及人才资源,还把金融资本作为支撑医疗平台高质量发展的又一重要支撑。

二是通过建设研究型医院促进"医""药"协同发展。先后打造 6 家研究型医院,在汇聚医院发展所需的诊断、治疗及研究等领域权威专家团队的同时,还组建了一支临床试验服务的专业团队(CRO),目前已进行上百项临床试验,从而真正落实以金融资本驱动"医""药"深度协同发展。

三是注重与政府部门的协同。监管层对"医""药"协同发展十分重要,在建项目高博研究型医院受到了北京市委、市政府高度重视,其也是北京市中关村生命科学园研究型国际医疗产业转化平台项目,由昌平区、高瓴资本、高博医疗集团三方共同打造。

第 7 章

产业生态下的"双元一多极"医药协同创新网络模型构建

"医""药"是大健康产业的两大重要组成部分。从产业生态的视角看，
"医""药"在长期发展中，形成了门类众多、规模庞大的人类行动者与非人类
行动者。这些行动者围绕自身的功能定位、结合产业特定目标相互集结形
成集合，正是这些行动者集合的存在进一步促进了"医""药"产业、产业生态
圈层以及产业主体层面的互动，进而促进了"医""药"深度协同发展。"'双
元—多极'医药协同创新网络"这一理论概念模型正是基于产业生态视角对
"医""药"协同发展愿景的刻画与机理阐述。

7.1 基于产业生态的"医""药"协同发展的内在逻辑分析

7.1.1 "医""药"产业层面的依存关系

从供求关系看，"药"与"医"分别位处大健康产业的上游与下游，二者之
间存在着明确的供求关联关系。在"医""药"纵向布局下，"药"为"医"提供
药械产品，间接地向居民提供服务；"医"直接面向居民提供医疗健康服务。
为了不断提升服务效果，"医"的相关行动者必须持续不断地向位居上游的

"药"反馈居民的健康需求与药械产品使用效果的信息。随着以"居民健康为中心"的理念推出与数字化赋能的不断推进,"药"中一些可以提供健康数据监测、可穿戴设备的医疗器械企业开始直接面向居民提供服务(李安安与石萍,2021),因而也在逐步转变着既往理论与实践领域对"医""药"纵向布局关系的认识。

7.1.2　"医""药"产业生态圈层层面的共生关系

随着"医""药"的不断发展,"医""药"无论是产业之间还是产业内部的关系变得日益复杂,加之"医""药"主体的种类日益丰富、数量也日趋庞大,这意味着如果仅仅停留在产业层面探讨"医""药"协同发展会流于表面,这也是在文献回顾中有关"医""药"产业层面协同发展的探讨较少的原因(详见本书第1章"文献研究与评述"部分),但同时,如果因此就深入"医""药"产业主体层面加以探讨也会显得琐碎。事实上为了解决这一问题,学者们引入了产业集群、创新网络、产学研合作、技术联盟等介于产业与产业主体之间的"中观"层面分析框架对"医""药"协同发展进行探讨。

本书在"中观"层面上尝试结合"医""药"内部行动者的特征与运行现状,并联系产业生态理论,通过分类把握、系统分析,依照相关行动者与"医""药"产业目标关联的直接性程度,分别将"医""药"中的行动者集合划分为核心、支撑、载体、监管层等四个产业生态圈层(详见本书第4章图4-1与图4-2),这些产业生态圈层之间存在着密切的共生关系。

从"医"的生态圈层关系看,核心层内分布着各级、各类医疗卫生机构、健康管理机构、体检中心、康复护理中心、养老机构、疗养院以及健身中心等人类行动者,以及床位、CT机、彩色多普勒诊断仪等非人类行动者。一方面这些人类行动与非人类行动者合作,共同为居民提供医疗健康服务,另一方面,核心层主体的功能发挥离不开支撑层相关行动者提供的资源要素支持。这些支撑层内的行动者既包括健康信息管理服务机构、医疗人力资源服务机构、金融机构、健康保险机构等人类行动者,也包括人力资源、资金、健康数据、健康保险基金等非人类行动者。载体层是指对居民健康水平负有责任或义务的行动者集合,正是由于企事业单位、各级学校、社区与乡村等载体层的存在,使得居民不再是一个个孤立的个体。由于载体层与核心层主体在提升居民健康水平的目标上高度一致,因此,如果两类圈层的主体配合得当,可以事半功倍地响应居民全方位、全时段、全生命周期的健康需求。监管层主体通过提供相应的政策供给,对核心层、支撑层以及载体层的功能发挥起到引导、规范作用。

从"药"的生态圈层关系看,核心层内分布着生物医药与医疗器械企业等人类行动者,以及药品、医疗器械、专利等非人类行动者。核心层与"药"的最终产品——药品、医疗器械——实现及其质量的关系最密切,同时,这一功能的实现还需要得到来自其他产业生态圈层的支持,如支撑层内的药械研发外包机构为提升核心层主体的研发效率、持续改进产品质量具有推动作用,各级各类生物医药公共技术服务平台可为其降低研发成本,药物临床试验机构则为规范药械产品的有效性、安全性保驾护航,金融机构通过向创新型药械企业注入资金而推动其向更高层次迈进。载体层是指对生物医药产业目标实现具有承载功能的行动者集合,如北京、上海、武汉、成都等地的生物医药产业园区在推动当地生物医药产业核心层、支撑层的发展上都取得了十分卓著的成效。监管层是指能够发挥引导、规范生物医药产业相关主体协调发展的行动者集合。如药品监督、医保部门作为监管层的重要行动者,可通过建立新药注册审批通道加快审批、制定鼓励新药研发的政策和医保报销制度(王瑞欣与张馨予等,2021),从而对"药"的核心层行动者的创新行为构成激励。

"医"与"药"的协同发展不仅包括其内部生态圈层之间的协同,也包括"医""药"之间的生态圈层协同。从核心层之间的关系看,"医"与"药"的核心层人类行动者需要共同发力,方能全面响应居民的健康诉求。同时,两大核心层共同拥有专利、论文、合同等非人类行动者。"医"与"药"的支撑层亦有着相同的行动者——健康保险机构与金融机构。从支撑层与核心层之间的关系看,药物临床试验机构作为"药"的支撑层中重要的行动者之一与"医"的核心层关键行动者医疗机构之间高度重叠,而药械研发外包机构作为"药"的支撑层中重要的行动者在向药械企业提供临床外包服务过程中与"医"的核心层行动者医疗机构之间关系十分密切。从监管层之间的关系看,国务院办公厅、国家发展和改革委员会、国家工业和信息化部、国家医疗保障局经常联合发布政策规章,从而共同协调"医""药"产业生态圈层内的主体行为。

7.1.3　"医""药"产业主体间的互动关系

1)产品销售/采购与价值流动

医疗卫生、健康管理等机构为履行其服务职能必须向药械企业采购药品、医疗器械、医用耗材、保健用品等产品,从"药"的角度看即是其产品销售功能的实现,而从"医"的角度看则是一种采购行为。当二者之间的销售/采购行为实现之时,"医""药"的产业主体之间就完成了一次价值流动:以医疗机构与药械企业为例,即后者向前者提供了药械产品,与此同时,前者则为后者提供了一次创新成果变现的驱动和资金支持。这一价值流动过程对激发创新型药械企业的研发投入起到了积极作用。

2)培训与交流

"医""药"核心层内的医疗机构与药械企业在运行中所依赖的知识十分接近,需要通过相互培训实现知识的共享和人才培养机制的优化。"医""药"产业主体在培训与交流层面的有效对接,对医疗机构而言,一则有助于医师可以积极瞄准国际相关领域的最新动态,聚集一支具有开阔视野的医生科学家队伍,二则有助于推进医疗机构的学科建设,三则有助于提升医疗机构的人才培养质量;对药械企业而言,通过相互培训与交流,一方面有助于了解医疗领域的最新进展与医务人员对药械产品的核心关注点,从而为优化基于客户需求的产品改进与新一轮研发提供基础,另一方面也促使其必须站在新产品、新技术的制高点,方能为医疗机构创造价值。

3）信息交换与反馈

信息交换与反馈是药械产品创新的源头。药械企业在向医疗机构销售药械产品后,二者应持续地交换关于现有产品使用效果、患者进一步的需求信息,从而为药械企业开展产品改进或新一轮研发立项提供依据,并周而复始地形成良性循环。

4）研发合作

从医药科技自立自强的角度看,我国医疗机构与药械企业在研发层面展开合作是推进"医""药"深度协同发展、携手迈向产业高端化的重要路径:通过研发合作,医疗机构在新型药械产品研发启动之前便获得意见表达的机会,这时,医疗机构与药械企业已然成了征服人类各类疾病的同盟者;在研发启动之后,医疗机构与药械企业的工作人员通过共同参与临床试验、反复观察药械产品的临床使用效果,可熟知药械产品实际可能发挥的最佳效果与使用局限;在产品上市之后,由于反馈渠道畅通,医疗机构的临床工作者依然有机会对药械产品的改进提出建议,从而共同构筑起了有助于产品持续改进的创新闭环。

7.2　产业生态圈层间行动者互动对"医""药"协同发展的关键性

7.2.1　"医""药"核心层行动者互动对医药创新闭环形成的核心作用

当前,药械企业在开发产品时,倾向采取研发"立项-实施-结项"这一直线链条式创新模式,即药械企业的研发部门或专业研发机构在多方论证的基础上展开研发立项,随后组织人员进行研发实施。对于多数药械产品的开发,医疗机构的医疗专家与药械企业的研发人员仅在临床试验环节展开协作,当临床试验结束后,药械研发工作即告结束并结项。在这一直线链条式创新模式下,药械产品研发人员很难对医疗机构、居民/患者的健康需求做出主动、快速的响应,主要凭经验、直觉、滞后的文献或突发事件启动研发立项,这使得以立项为核心的"研发前"这一关键环节往往与疾病诊疗过程、居民全生命周期、全方位的健康需求相互脱节。同时,由于一旦进入生产、销售环节便意味着研发过程的结束,从而使得药械产品在使用过程中的信息反馈无法让研发人员及时获取,这对本土药械产品的持续改进与新一轮研发是极为不利的(胡灵,2019)。如果"医""药"之间创新闭环无法形成,将会导致药械企业产品改进方向不明、研发成本高企、研发水平低下等问题。

除了带来研发效率低下的问题,创新闭环缺失还会引发医院、医师以及居民对本土药械产品的信任不足。由于目前多数医院、医师并未参与到本土药械企业的新药与创新型医疗器械的研发过程中,作为"局外人"他们甚至对已经通过一致性评价的产品持怀疑态度(李贤儒,2019)。在这样的背景下很难建立医疗机构与本土药械企业之间的信任(王清波,2016)。而居民作为药械产品的最终使用者与支付者,从认知与行为选择上都会受到医师认知的影响,因此,他们同样对进口药与外资企业提供的药械产品更为认同,并且会优先加以选择;当医院、医师、医保不支持这一诉求时,他们更可能会采取"用脚投票"的方式:去药店直接购买进口药械,或者前往可以开进口药的医院就诊,甚至奔赴海外就医。而这一行为又会反过来影响医院、医师的用药行为,这不利于本土药械企业的发展。因此,通过打造创新闭环,让医院、医师参与到药械产品改进与创新药械研发的全过程中来,对推动"医""药"深度协同发展至关重要。

7.2.2   "医""药"其他产业生态圈层行动者集合对医药创新闭环的触发作用

"医""药"在长期发展中,其核心层、支撑层、载体层以及监管层内的行动者因业务协作、资源共享、遵从规制等活动,在互动过程中会不断形成新的以功能实现为目标的行动者集合,从而对"医""药"协同创新,尤其是研究型医院与创新型药械企业之间的研发合作具有十分重要的正向支撑作用。如由"医"的支撑层中的商业健康医疗保险机构与"医""药"监管层中的社会医疗保险机构共同构成的支付者集合不仅可以引导医疗机构对药械产品的采购决策与行为,还可以激励药械企业的创新行为(吴亚栗,2018);由"医""药"支撑层中的金融机构组成的资本驱动者集合可通过投资、并购行为促进研究型医院与创新型药械企业之间的研发合作(吴勇民等,2014)。

7.3 "医""药"协同创新网络的关联机制分析

7.3.1 产业互信机制

"医""药"之间的产业互信是决定其能否实现协同发展的重要因素。我国"医""药"核心层中的医疗机构与药械企业应该在产业互信机制中发挥重要作用:从医疗机构看,作为药械企业的下游机构,虽然可以在进口药与国产药之间做出选择,但在"后疫情"时代与医药科技自立自强的战略背景下,应该以推动本土药械产品质量、鼓励国内药械企业从事新药与创新型医疗器械开发为己任,主动承担持续向药械企业,尤其是本土创新型药械企业提供产品使用效果反馈的责任,并通过研发合作,参与到本土药械产品开发的全过程之中,客观地看待本土药械产品的优势与局限,并客观地向就诊患者告知相关产品的实际情况;从本土药械企业看,需要积极关注以研究型医院为代表的"医"的相关主体诉求,通过帮助他们解决临床诊疗中面临的新问题提升自身与相关主体的服务能力,在增进产业互信的同时让"医""药"之间的协同发展迈上新台阶。

7.3.2 资源共享机制

居民在接受诊疗服务与健康管理的过程中产生了大量健康数据,这些数据分散在医疗卫生机构、体检中心以及其他健康管理机构的数据库中,同时,随着数字化赋能的不断推进,医疗器械企业或新业态机构①推出的移动设备、可穿戴设备中也贮存了大量来自居民的健康数据。这些数据对于创新型药械企业进行研发立项,或基于现有药械产品展开改进型研发具有重要价值。为此,将分散的健康数据汇聚到健康平台之中,让更多有需要的"医""药"相关行动者开展服务提供模式变革(笪学荣等,2021)、基于新病种的原研药开发(冯爱玲等,2017)均有着十分重要的现实意义。2017 年 1 月 4 日,国家人口与健康科学数据共享平台科技资源发布会暨 2016 健康医疗大数据创新应用与发展峰会在北京举行,会议主题为"医学科学数据共享,推进健康中国建设",这标志着我国已进入一个以数据资源整合与共享推进"医""药"协同创新的新时代。

此外,在"药"的支撑层中生物技术共享公共服务平台的存在也给"医""药"的协同创新带来了资源要素支撑,有利于降低研究型医院、创新型药械企业的科学研究与开发成本。类似机构还有很多,如新药孵化基地、仪器共享平台、中试及关键技术服务平台等。通过在"医""药"协作网络中嵌入中介中心度高的平台类机构对其技术创新能力具有巨大提升作用(曾婧婧,刘定杰,2016)。因此,加大与处于中介连接地位的专业平台型机构的合作力度是资源共享机制实现的重要路径之一。

7.3.3 互利共生机制

从产业生态的角度看,"医""药"行动者之间在发展上存在着互利共生相互促进的关系,这是一种良性且稳定的互动关系,也是"医""药"长久、可持续发展的必然要求。从产业层面看,"医""药"分属大健康产业的两大子系统,在产业关联上具有供求关系;从产业生态圈层面看,不仅"医""药"各自内部的核心层、支撑层、载体层之间存在互利共生关系,而且二者的部分

---

① 比如小米公司虽然不属于传统意义上的医疗器械企业,但其推出的健康手环确实具有健康管理功能。

圈层之间也存在互利共生的交叉协同关系,如作为"医""药"共有的支撑层行动者金融机构,他可能为提升自身资本的收益率而对医疗机构、药械企业进行投资、并购,如高领资本近年来密集布局研究型医院便是一个很好的例证(详见本书第 6 章)。

7.3.4　风险分享机制

由于新药或创新型药械产品的开发可能面临创新失败的风险,为此,需要开发一些机制来降低这一风险。目前,比较常见的有:一是通过股权合作关系构建创新联合体。如美国半导体行业内的 14 个半导体公司于 1987 年联合建立的一个非营利组织——半导体技术公司(吕薇,2001),通过专注行业的内共性技术问题,最终实现了对日本半导体行业的赶超;二是通过商业健康险机构或社会医疗保险机构将已经上市的新药纳入医保或商业保险支付《目录》,通过第三方支付补偿而分担药械企业的创新风险,如英国为高值抗癌新药提供的临时报销补偿的过渡性社会医疗保险基金;三是通过市场内部化降低创新合作风险,如华西医院在 1999—2000 年通过股权投资将四川华西健康科技有限公司、成都利康实业责任有限公司、成都华西海圻医药科技有限公司等 3 个创新型药械企业纳入麾下,并因此而间接控制了这 3 家公司下属的 37 家子公司,从而降低了医院与药械企业之间的交易不确定性(详见本书第 6 章)。

7.4　基于产业生态的"双元—多极"医药协同创新网络模型构建

7.4.1　"双元—多极"医药协同创新网络模型构建的基本思路

本章通过构建"双元—多极"医药协同创新网络模型,从而尝试对"医""药"协同发展的关键机理做出解释。

"医""药"之间在产业、生态圈层以及主体等三个层面上都存在着紧密

的关联关系,而其中研发合作是决定"医""药"协同发展高度与深度的关键
协作关系。研究型医院与创新型药械企业分别作为"医""药"核心层的关键
行动者,它们对"医""药"之间的研发合作负有不可推卸的责任,本书将这两
类行动者称为"双元"。二者在研发全过程中的持续互动是"医""药"创新闭
环形成的关键所在。同时,为了促进"双元"功能的发挥,还要关注"医""药"
核心层、支撑层、载体层以及监管层中能动者集合构成的"多极"对创新闭环
效率提升的促进作用。如由高校与科研院所为主要构成的知识支撑极、由社
会医疗保险与商业健康保险机构构成的支付激励极、由金融机构、商业健康保
险机构组成的资本驱动极、由健康数据共享平台、生物医药技术公共服务平台
等构成的平台导入极以及监管者集合构成的政策供给极等。这些"双元"与
"多极"行动者集合在"医""药"生态系统中相互作用、相互激发,进而形成了"双
元—多极"医药协同创新网络,这一理论概念模型具体如图 7‑1 所示。

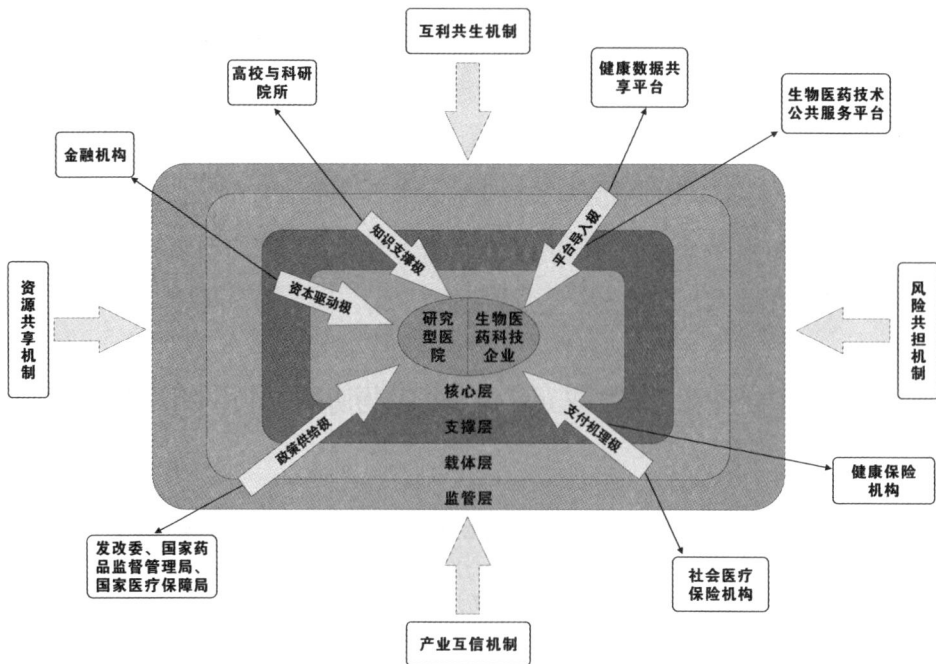

图 7‑1　基于"双元—多极"的医药协同创新网络模型

7.4.2　构建"双元"核心：密切研究型医院与创新型药械企业的创新闭环效应

研究型医院的功能定位在于科研、临床及教学,创新型药械企业的定位在于通过研发提供药品或医疗器械产品,两者的共同点在于发展,而发展的基础在于创新。因此,通过关注研究型医院与创新型药械企业的发展诉求,可以在两者的研发合作中找准切入点。

1)研究型医院的发展诉求

研究型医院的学科建设是其发展的根本。通过加强学科建设,不仅可增强医院的临床科学研究水平,而且可以更好地培养高素质高层次专门人才,进而为广大城乡居民提供医疗技术水平先进的优质服务,可谓是一举多得。

学科建设离不开科研立项,而科研立项的源头则往往来自临床需求的不满足。但要有效响应持续出现的新的临床需求,仅靠医院自身的力量难以实现,就需要与药械企业尤其是创新型药械企业合作,通过加强新药或创新型医疗器械的开发,方能不断解决临床实际问题,同时医院学科的整体实力也因此得到提升。

在学科建设中,资金投入往往是决定研究型医院能否顺利开展前沿技术研究的关键因素。国外大型研究型医院每年会拿出大量资金专门用于鼓励医院科研与临床人员开展科研创新。而我国由于经济水平及医疗体制的不同,医院科研经费往往十分有限。这就需要通过"开源"加以解决。从目前研究型医院的科研经费筹措情况看,主要有以下三个途径:一是获得有关部门科技攻关或学科建设的专项拨款。如自新冠疫情发生以来,科技部会同国家卫健委、药监局等 13 个部门组建了国务院联防联控机制科技攻关组,聚焦五大主攻方向,成立了药物、疫苗、检测、溯源、中医药等 9 个工作专班挂图作战,先后部署了 42 个国家应急项目①,各大研究型医院在参与科技攻关的同时也获得了一定的经费支持。二是承担国家与地方各级各类科研项目。如通过中标国家自然科学基金委员会、科技与卫生等部门设立的各级各类科研项目而获得研究资助。三是与企业合作。在获得财政各级各类经费资助的基础之上,研究型医院还通过寻求与药械企业的合作获得研究经费支持,这就给创新型药械企业密切与研究型医院的研发合作创造了有利契机。

除资金投入外,研究型医院在学科建设上还需要以前沿的技术平台作为支撑。这对资金要求巨大,所以很难单靠医院自身力量加以解决。因此,一方面可以与当地生物医药技术公共服务平台建立合作关系,通过实现资源共享以降低科学研究的成本,另一方面则可采用与药械企业联合共建实验室的方式,这有利于加强研究型医院与药械企业在研发合作上的密切交流。

当科技成果形成后,如何有效实现科技成果的高效转化也是当前研究型医院发展的内在需求。目前,转化医学作为促进科技成果转化的重要手段,已成为研究型医院开展临床医学研究与学科建设的重要内容。与此同时,在资金和其他资源有限的条件下,研究型医院在开展转化医学研究的工作中也要注意加强与药械企业的合作,用好它们对市场需求的把控能力,避免盲目跟风,让有限的资源投入获得最大化的科研回报,进而形成特色优势学科群,带动研究型医院发展迈向新的高度。

学科建设获得的高质量成果可为研究型医院争得各类荣誉、获得各级各类财政拨款或奖励,这也很好地解释了目前省会城市与直辖市三级甲等医院倾向于与国际顶级药械企业展开学科建设合作的现象。我国本土药械企业如果能够持之以恒地提升自身研发能力,并密切关注研究型医院在学科建设与发展上的诉求,则可与其建立起持久而稳定的良性合作关系,进而

---

① 引自新华网,详见 http://www.xinhuanet.com/politics/2020 - 03/07/c_1125674955.htm

实现二者的双赢局面。

　　2)创新型药械企业的发展诉求

　　相对于研究型医院,本土创新型药械企业更倾向于采取扩大市场半径的策略拓展发展空间。之所以采取这一发展策略,究其原因,可能有以下几个方面:一是对所处市场环境的适应性反应。与罗氏制药、辉瑞公司等国际一线品牌相比,国内本土药械企业的品牌优势不强,这使得药械企业倾向于与其对手展开错位竞争。具体表现为多数药械企业在一线城市避开与国际品牌的直接竞争,倾向于向二线、三线城市拓展市场。而且相较于医疗健康服务,以实物商品为基本形式的药械产品在储存、流通上具有更强的便利性,因而在推进"一带一路"的倡议中,本土生物医药企业也相对于医疗机构更容易"走出去"。二是药品流通市场化程度的逐步加大。目前,我国已经逐步实现了药品流通的市场化,药品的价格逐渐由市场决定,这也使得生物医药产业主体可以更加自由地参与全球市场的贸易和竞争,从而进一步地扩大其市场半径。

　　新医改以来,有关部门对仿制药的管控不断升级。仿制药虽有成本优势,但不利于"医""药"之间基于研发合作打造创新闭环,而且也不利于医疗机构、医师、居民逐步建立对本土药械产品的信心。同时,随着"健康中国""科创中心建设""科技自强自立"等国家战略的推出,不断创新落实相关国家战略并提升本土药械企业的竞争力已成为未来生物医药产业发展的必然选择。

　　当前,药械企业所采用的研发"立项—实施—结项"这一直线链条式创新模式亟待突破,但突破的关键则在于能否从医疗机构持续获得关于药械产品使用效果的反馈信息。实践中,省会城市或直辖市的三级甲等医院与研究型医院重叠度较高,但这些医院更倾向与国际顶级药械企业展开合作、交流,与国内药械企业的合作主要在新药上市前的临床试验环节。由于难以持续获得来自临床一线医务人员关于药械产品使用结果的反馈信息,使得本土药械企业的研发周期延长、研发成本增加,从而造成生物医药产业整体创新效率低下。这给本土药械企业在现有产品基础上开展改进型创新,进而进阶到原研药械产品开发构成严重阻碍(于挺,2021)。

概括而言,医疗机构和药械企业分别采用不同的业务拓展机制,这为"医""药"之间基于产品采购与销售层面的对接既构成了一定障碍,也预留了较大空间。从全球范围来看,高端药械产业的集中度很高,因而培养本土强势药械企业的议题已不能回避;同时应该注意的是,药械产品的高端化是吸引强势医疗机构乐意与本土药械企业展开合作的关键所在,而药械产品高端化的关键则在于"医""药"能否在研发合作层面开展持续而深度的协作。这提示,在落实"健康中国"等国家战略过程中,一定要促进"医""药"在药械产品研发层面展开合作,同时,这也是"医""药"落实"创新国家""健康中国"战略的必由之路。

7.4.3   强化"多极"触发效应:密切"医""药"产业生态圈层关联

1)"知识支撑极"的触发效应

由"医""药"支撑层中的高校与科研院所构成的行动者集合是知识支撑极的重要组成部分。

高校除了要承担医药高级人才培养的重任外,还与科研院所一样拥有知识创造功能。2018年5月,习近平总书记在北京大学考察时深刻指出,高校是科技创新体系的重要组成部分,高校科研人员是我国科技创新的重要队伍。同样,科研院所是科学研究和技术开发的基地,也是促进高科技产业发展的重要基地。因此,高校与科研院所都是实施创新驱动发展战略、建设创新型国家的重要力量。两者在科学研究、专利发明、知识创造上的功能发挥可为"医""药"的协同创新提供知识支撑作用。

2)"支付激励极"的触发效应

可借鉴英国癌症医药基金的保障模式,通过"提早补偿、早期孵化",搭建起生物医药产业和研究型医院高值创新药品与公共医保之间的桥梁,客观上起到了促进"医""药"协同发展的效果。

除了社会医疗保险外,还可通过商业健康保险的力量促进"医""药"协同协作。可资借鉴的案例是凯撒医疗集团(Kaiser Permanente),他不仅在保险公司、医院、医生集团、风险投资一体化的封闭体系内实现了高效运营,而且还运用风险投资加强了其医疗健康服务机构与药械企业之间的协作,堪称整合医疗服务模式的典范。

3)"资本驱动极"的触发效应

药械产品研发周期漫长,这就需要金融力量的持续介入。在"医""药"协同发展中,金融力量的介入主要表现在两大领域,一是通过金融资本的并购,促成"医""药"创新闭环的形成,二是通过保险支付对医疗健康服务机构或生物医药企业加以整合。

4)"平台导入极"的触发效应

研究表明,在"医""药"协作网络中嵌入中介中心度高的资源共享平台对其能力提升的作用显著(曾婧婧与刘定杰,2016)。这些平台除了生物医药技术公共服务平台外,还包括健康数据共享平台、仪器共享平台、中试及关键技术服务平台等。为此,需要不断强化平台的资源配置功能,通过资源的持续导入,让"医""药"协同创新网络得到不断发展。

健康数据共享平台在"医""药"创新闭环的构建中作用突出,因此,需要加强对这一平台建设的关注。鉴于当前健康管理机构多为公立机构这一体制优势,可通过行政手段高效率、低成本地实现国内多数健康管理机构的信息接入,引导新增机构自觉加入具有类似"银联"特征的健康数据平台,同时实现各类群体在信息平台上的实名制身份管理,从而最大限度地提高居民个人与产业整体健康管理的服务效能。

在互联网+背景下,健康大数据技术的引入使得居民健康数据的获得将变得前所未有的方便。有关居民健康信息的记录将不仅仅限于既往病史、疾病诊疗情况、家族病史、历次体检结果等,也包括其经济信息(费用支付与结算等信息)和社会信息(家庭成员信息、家族病史等)。居民健康信息具有个人标识,隐私性强,一旦泄露将对个人生活发展造成巨大影响(郑宇,

2008），为此，建议制定《居民健康信息保护法》作为居民健康信息保护的基本法和上位法，从健康信息保护的主体、居民健康信息的界定、居民健康信息合理使用的条件与情形、健康信息的管理机构以及健康信息保护的技术性要求等方面对居民健康信息保护涉及的各方面问题加以规定和细化，从而使健康数据管理有法可依、实际操作上有章可循。

5)"政策供给极"的触发效应

"医""药"的监管层中聚集了国家和地方发展与改革、科学技术、卫生与健康、药品监督管理、医疗保障部门等人类行动者，同时还有着制度、规章、行业规范等非人类行动者。新医改以来，国家与地方层面各部门已经先后出台了一系列有利于促进"医""药"协同创新的政策法规。为此，一是要做好各项政策法规的落实工作；二是要注意加强政策目标之间的协同，从而形成政策合力，以期为"医""药"相关主体共同发展创造良好的运营与生态环境。

第8章

"双元—多极"医药协同创新网络模型的实证研究

　　本章拟以上海地区的"医""药"协同发展实践作为研究对象,对"双元—多极"医药协同创新网络模型展开实证研究。

8.1　将上海地区实践作为实证研究对象的可行性分析

　　上海在"医""药"协同发展,尤其在"医""药"协同创新实践上极具特色。从战略层面看,上海是"健康中国""科创中心建设""一带一路倡议""长江三角洲一体化""四个中心建设"等诸多国家战略的集成载体,在享受国家政策供给红利的同时,也为当地政府积极推进"医""药"协同发展指明了方向。从产业层面看,上海的"医""药"发展在全国均居于领先地位。2019 年,上海医疗卫生机构数达到 5 610 个,共有 21.33 万卫生技术人员,诊疗人次达到 28 192 万人次,每万人口拥有 32 位医生,每千人口拥有 56 张床位,在一定程度上反映了上海的医疗健康服务业发展水平,具体如表 8 - 1 所示。

表 8-1　2015—2019 年上海医疗健康服务业相关指标一览

年份	医疗卫生机构数(个)	卫生技术人员数(万人)	诊疗人次数(万人次)	每万人口医生数(人)	每千人口医院床位数(张)
2015	5 016	17.02	25 834.62	26	42
2016	5 011	17.82	26 605.02	27	46
2017	5 144	18.80	27 342.32	28	48
2018	5 298	20.65	27 637.78	31	53
2019	5 610	21.33	28 192	32	56

资料来源:《上海统计年鉴》

　　2019 年,上海生物医药制造业工业总产值达 1 538.5 亿元,营业收入高达 1 613.83 亿元,当年利润总额为 242.19 亿元。这些数据亦在一定程度反映了上海生物医药产业迅猛的发展势头,详见表 8-2。

表 8-2　2019 年上海生物医药产业相关指标一览　　　　(单位:亿元)

年份	工业总产值	年末总资产	营业收入	利润总额	税金总额
2015	1 094.02	1 559.72	1 111.35	153.84	55.01
2016	1 155.76	1 788.16	1 206.07	182.45	59.51
2017	1 310.68	1 971.69	1 294.01	191.68	63.37
2018	1 404.76	2 163.71	1 433.2	190.56	66.11
2019	1 538.5	2 422.78	1 613.83	242.19	64.16

资料来源:《上海统计年鉴》

　　上海药械企业数量众多,仅从张江高科技园区来看,药械企业主要分布在张江创新药产业基地(张江南区)与张江医疗器械产业基地(张江东区)。前者面积约 3 平方公里,定位为创新药物、医疗技术产业化基地及 CMO - CDMO 委托生产基地,重点承接张江科学城内创新药物科技成果转化及高端制造;后者面积约 4 平方公里,定位为高端医疗器械研发生产,聚焦体外诊断、影像诊断、微创介入与植入医疗器械等细分领域。张江生物医药产业已经形成了完整的创新链条,诞生了全国 15% 的原创新药,成为名副其实的"中国药谷"。目前全球排名前 10 的制药企业中已有 7 家在张江设立了区域总部、研发中心。2020 年,张江生物医药产业全年实现营收 849.05 亿元,小幅增长 0.4%。其中医药产业实现营业收入 799.62 亿元,全年总体降幅逐月收窄至 0.2%,已基本恢复至上年同期水平;医疗器械产业因主要企业产品在疫情防控背景下需求增加,全年实现营收 49.43 亿元,同比增长 12.3%(浦东发改委,2021)。

从产业生态层面看,上海"医""药"在长期发展过程已基本形成了由核心层、支撑层、载体层、监管层构成的产业生态圈层体系;从产业主体层面看,上海的研究型医院、创新型药械企业、医师、研发人员、居民等人类行动者十分活跃,同时,新药、专利、合同等非人类行动者构成亦十分丰富。因而,以上海"医""药"协同发展实践作为研究对象,可为"双元—多极"医药协同创新网络模型的实证研究提供有力支撑。

8.2　资料来源与方法

在对"双元—多极"医药协同创新网络模型的实证研究上,本章主要采用了复杂网络分析、政策分析、案例研究等方法。

1)复杂网络分析法及其资料来源

在复杂网络的构建上,本章选择了由上海研究型医院与上海创新型药械企业为核心,通过合作分别构建的专利合作网络与新药临床研究合作网络,并将二者叠加,以期较为全面地反映上海创新协同网络的运行情况。

在专利合作网络的构建上,由于国内实践中研究型医院与三级甲等医院重合度较高,因此侧重观察由上海三级甲等医院与其他机构合作构建的专利合作网络。在资料来源上,选取 2013—2020 年 IncoPat 科技创新情报平台中上海市 41 家三甲医院由合作申请专利而得到的 6 927 条相关数据。

由于本章关注的是"医""药"之间在协同创新中相关行动者之间的合作关系而非评价行动者的创新效率或质量,因此在专利类型上选取了申请专利数作为专利数据选取标准。同时,剔除了 41 家医院单独申请或与个体合作申请的专利,最终获得符合标准的专利数据样本 5 157 条;在临床研究合作网络的构建上,侧重观察了上海创新型药械企业在临床研究环节上与其他机构之间的合作关系。在资料来源上,以 2013—2020 年国家药物临床试验登记与信息公示平台中由上海药械企业作为申请人注册登记的临床试验项目为基本资料来源,共得到 1 984 项临床试验登记信息,用 Bicobm2 软件进行解析处理后得到 43 855 条数据,将申请人与临床研究者同时设定为"上海"并剔除 2021 年数据后,最终得到 1 958 条有效数据。在完成上述两个网络的数据收集后,运用 Bicomb2 软件,将 5 157 条专利合作数据与 1 958 条临床研究合作数据进行叠加,从而构建上海医药协同创新网络的邻接矩阵,并将生成的矩阵导入 Gephi 软件中备用。

2)政策分析法及其资料来源

在政策分析法上,本章对国家、上海近 10 年在促进"医""药"协同发展出台的相关政策进行了分类汇总,从而对"政策供给极""支付激励极"在促进研究型医院与创新型药械企业协同创新中的作用加以佐证。

3)案例研究法及其资料来源

在案例研究法上,本章对上海金融机构、公共创新平台等案例进行重点了分析,从而对"资本驱动极""平台导入极"对推动研究型医院与创新型药械企业协同创新中的作用加以佐证。

8.3 基于复杂网络的实证研究

8.3.1 上海医药协同创新网络整体特征分析

整体网络分析是基于宏观角度研究合作网络的发展程度,可以从网络规模、网络边数、网络密度、平均路径长度和平均聚类系数等多个指标加以度量,具体结果如表 8-3 所示。

表 8-3 上海医药协同创新网络的整体网络特征分析

整体网络特征度量指标	指标数值
网络规模	743
网络边数	4 546
网络密度	0.008
平均路径长度	3.604
平均聚类系数	0.383

注:标准差为 0.6754

1)网络规模和网络边数

网络规模和网络边数是网络中全部节点及其相互联系数量的总和。通常网络规模和网络边数越多,网络结构越复杂,由表 8-3 中可知,目前该网络规模与网络边数分别是 743 与 4 546,说明上海医药协同创新网络经过长足发展已具备一定的产业规模,并且在结构上存在一定的复杂性。

2)网络密度

网络密度是网络中已有的网络边数与可能存在的边数的比率,表示各主体要素之间相互联系的紧密程度。由表中数据看出,网络密度值都接近于 0,说明上海医药协同创新网络尚处于构建阶段,网络中的行动者较多且权力相对分散,行动者之间尚未形成指挥与被指挥的关系。

3)网络平均路径长度与网络平均聚类系数

网络平均路径长度是指网络中任意两个节点之间的最短路径长度的平均值,可以从总体上反映网络节点间的关系链的长短。网络平均距离长度与节点之间的关系密切程度成反比;网络平均聚类系数则是在网络平均距离的基础上通过计算加以实现,反映着网络的凝聚力强度,该指标数值介于

0～1,该值越大说明整体网络的集聚优势越明显。由表中可知,该网络平均路径长度为 3.604,基于距离的网络平均聚类系数为 0.383,虽弱于 0.5 这一中位数,但由于缺乏全球或全国具有可比性的数据作为参照,因此,尚无法判断该网络的集聚优势与凝聚力的高低。

依据上述几个指标可以看出,近年来上海"医""药"相关行动者在协同创新网络的建设上已经初具规模,行动者之间关联密切,初步建立起稳定的协同合作关系。

8.3.2 上海医药协同创新网络行动者构成情况分析

由 Gephi 软件生成了上海研究型医院与创新型药械企业为核心构建的上海医药协同创新网络拓扑图,详见图 8-1。

图 8-1 上海医药协同创新网络可视图

上图中每个节点代表一个研发合作申请机构,其中"白色"节点代表"医院","黑色"节点代表"创新型药械企业","灰色"节点则代表"高校与科研院所"。节点的大小表明与该机构合作机构的多少,节点之间的连边是机构之间创新协同关系的表征。图中共有 743 个节点,4 546 条连边。从节点的大小看,复旦大学附属华山医院、复旦大学附属中山医院、上海交通大学医学院附属瑞金医院这三家医院的节点较为醒目,复旦大学附属肿瘤医院、上海交通大学医学院附属第九人民医院、上海恒瑞医药有限公司等三家机构的节点大小相当,其次是上海长征医院、上海市第一人民医院、上海市东方医院、上海市第六人民医院、上海长海医院。这与表 8 - 4 中研究型医院与创新型药械企业度值大小相符。从度值大小看,位列前 10 的研究型医院总体上明显大于创新型药械企业,这也是在图 8 - 1 中一些代表研究型医院的节点更为醒目的原因。

表 8 - 4　上海医药协同创新网络中度值位列前 10 的研究型医院与创新型药械企业

序号	研究型医院名称	度值	创新型药械企业名称	度值
1	复旦大学附属华山医院	91	上海恒瑞医药有限公司	69
2	复旦大学附属中山医院	90	美国礼来亚洲公司上海代表处	35
3	上海交通大学医学院附属瑞金医院	89	上海罗氏制药有限公司	29
4	复旦大学附属肿瘤医院	67	和记黄埔医药(上海)有限公司	27
5	上海交通大学医学院附属第九人民医院	62	优时比贸易(上海)有限公司	23
6	上海长征医院	56	艾伯维医药贸易(上海)有限公司	22

(续表)

序号	研究型医院名称	度值	创新型药械企业名称	度值
7	上海市第一人民医院	55	安进生物技术咨询(上海)有限公司	20
8	上海市东方医院	53	精鼎医药研究开发(上海)有限公司	19
9	上海市第六人民医院	52	上海君实生物医药科技有限公司	19
10	上海长海医院	51	勃林格殷格翰国际贸易(上海)有限公司	19

如果将图 8-1 中的研究型医院、创新型药械企业、高校与科研院所、监管机构等四类机构的节点、度值加以归并,就会发现创新型药械企业的节点数量与度值均高于研究型医院,具体如表 8-5 所示。

表 8-5　上海医药协同创新网络中四类行动者的节点数与度值情况

指标	研究型医院	创新型药械企业	高校科研院所	监管机构
节点数(个)	255	398	86	4
度值	1 984	2 072	470	20

从节点大小看,在图 8-1 中存在以复旦大学附属华山医院、复旦大学附属中山医院、上海交通大学医学院附属瑞金医院为代表的研究型医院这类十分醒目的大节点,而且这三家医院中度值最小的瑞金医院也超过了创新型药械企业中最大的节点机构——上海恒瑞医药有限公司;从节点总数与度值情况看,创新型药械企业的总节点数为 398,明显高于研究型医院的255,同时,创新型药械企业的度值总数为 2 072,也高出了研究型医院近100;从节点数占比上看,研究型医院与创新型药械企业的节点数占比之和

接近 90%,创新型药械企业占比较研究型医院多出了近 20 个百分点,但从度值占比看,两者之者依然接近 90%,但两者占比相差不到 2%,说明网络中其他行动者希望与这两类行动者合作的意愿几乎同样强烈,具体如表 8‑6 所示。

表 8‑6　上海医药协同创新网络中各类行动者的节点数与度值占比情况

指标	研究型医院	创新型药械企业	高校科研院所	监管机构
节点数占比(%)	34.32	53.57	11.57	0.54
度值占比(%)	43.64	45.58	10.34	0.44

以分析可以看出,上海医药协同创新网络中确实存在着研究型医院与创新型医院这个"双元"核心行动者,从而证实了该网络模型"双元"的存在。值得注意的是,表 8‑5 与表 8‑6 提示高校与科研院的总节点数与总度值分别为 86 与 470,分别约占总节点与总度值的 11.57%、10.34%,说明高校与科研院所在该网络中占据着较为重要的地位。在上海医药协同创新网络中,由于高校与研究院在该网络中主要承担的是为研究型医院或创新型药械企业提供科技咨询与知识创造工作,因此,其作为知识支撑极的价值也得到了证实。

8.3.3　上海医药协同创新网络的核心—边缘结构分析

核心—边缘结构分析将网络节点划分为核心层和边缘层两类,处于核心层的节点占据着网络的核心区域,节点之间相互联系紧密。为了进一步考察上海医药协同创新网络中研究型医院、创新型药械企业、高校与科研院所、监管机构这四类核心节点之间联系的紧密程度,将相关数据导入 Bicomb2 软件生成创新协同矩阵,并将其导入 Ucinet 后进行核心—边缘分析,继而得到上海医药协同创新网络的核心—边缘密度矩阵、程度中心性以及中介中心性等结果,具体如表8-7至表8-9所示。

表8-7   上海医药协同创新网络的核心—边缘密度矩阵

申请人	核心层	边缘层
核心层	8.556	0.134
边缘层	0.134	0.006

由上表可知,上海医药协同创新网络核心层的密度为8.556,在核心层中分布着上海交通大学医学院附属第九人民医院、复旦大学附属中山医院、上海交通大学医学院附属瑞金医院、复旦大学附属肿瘤医院、上海恒瑞医药有限公司、上海交通大学医学院附属仁济医院、上海交通大学、艾伯维医药贸易(上海)有限公司、上海市内分泌代谢病研究所等9个机构,说明这些机构之间的创新协同非常紧密,且处于网络的中心区域。而其余734个机构则处于网络的边缘层,其密度为0.006。

程度中心性是用来衡量哪家机构在网络中占据最主要的位置,程度中心性越高说明该机构在网络中的地位越突出,而中介中心性则用来衡量一个节点作为媒介的能力,中介中心性越高表明该机构具有很高的中介性。从表8-8看,上海恒瑞医药有限公司位列榜首,而上海交通大学医学院附属瑞金医院紧随其后,说明两家机构作为创新型药械企业类与研究型医院类的"双元"代表在上海医药协同创新网中的地位突出,同时中国科学院上海药物研究所作为高校与科研院所类机构的代表也出现在榜单上,则从另一个侧面印证了"知识支撑极"在上海医药协同创新网络中的价值。

表 8－8 上海医药协同创新网络的程度中心性特征

时间阶段	Mean	Std Dev	Sum	Network Centralization	排名前 10 位的机构
2013—2020	7.821	25.260	6382	0.57%	上海恒瑞医药有限公司 上海交通大学医学院附属瑞金医院 复旦大学附属肿瘤医院 复旦大学附属中山医院 复旦大学附属华山医院 上海交通大学医学院附属第九人民医院 中国科学院上海药物研究所 上海市第一人民医院 上海交通大学 上海长征医院

从表 8－9 看,上海交通大学医学院附属瑞金医院位列上海医药协同创新网络中心的榜首,而上海恒瑞医药有限公司紧随其后,说明两家机构作为创新型药械企业类与研究型医院类的"双元"代表在上海医药协同创新网络中的发挥了很强的合作中介作用,类似于承担着连接分离的大团体之间"桥"的作用。由于分离的大团体之间的信息若要交流、意见要沟通、行动要协调就必然离不开"桥"作用(罗家德,2010),这就使得"桥"的价值凸显。同时,中国科学院上海药物研究所作为高校与科研院所类机构的代表也出现在了榜单之中,这也进一步印证了"知识支撑极"在上海医药协同创新网络中的中介作用。

表 8-9　上海医药协同创新网络的中介中心性特征

时间阶段	Mean	Std Dev	Sum	Network Centralization	排名前 10 位的创新主体
2013—2020	875.914	3911.333	714746	12.99%	上海交通大学医学院附属瑞金医院 上海恒瑞医药有限公司 复旦大学附属华山医院 复旦大学附属中山医院 上海交通大学医学院附属第九人民医院 上海市第一人民医院 上海长征医院 上海市第六人民医院 中国科学院上海药物研究所 复旦大学附属肿瘤医院

8.4　基于政策分析的实证研究

8.4.1　关于政策供给极的实证研究

1) 国家战略对上海"医""药"协同创新的政策供给

上海是国家多重战略的集成载体。除了"健康中国""科创中心建设""四大功能"等战略外,"一带一路倡议""长江三角洲一体化""四个中心建设"均对该市以研究型医院与创新型药械企业为核心的"医""药"协同创新起到了重要促进作用,以下重点对 2013 年以来推出的国家战略展开分析,具体如表 8-10 所示。

表 8‑10 2013—2020 年期间与上海"医""药"协同创新关系密切的国家战略一览

战略名称	发布时间	发布情况
健康中国	2017 年	习近平在中国共产党第十九次全国代表大会上的报告
科创中心建设	2016 年	中共中央办公厅、国务院办公厅印发《国家"十三五"时期文化发展改革规划纲要》
四大功能	2019 年	第二届进博会,习近平在上海考察期间要求上海强化"四大功能"
自由贸易区	2013 年	国务院
"一带一路"倡议	2013 年	习近平提出"一带一路"倡议
长江三角洲一体化	2019 年	国务院
国际贸易中心	2016 年	国务院

为落实上述国家战略,上海先后制定或出台了一系列相应举措。以下重点从促进上海"医""药"协同创新的角度加以梳理。

(1)"健康中国"战略。为落实"健康中国"战略,上海制定了《健康上海行动(2019—2030)》和"健康城市"战略。分别对 2022、2030 年上海健康资源配置、居民健康水平预期考核指标进行设定。同时,为了实现这些目标,还提出了若干重大行动。在"医疗服务体系优化"这一重大行动上,突出强调了区域医疗中心建设、临床重点专科建设、医学协同创新集群建设、研究型医院建设以及发展实验室自建检测方法等举措。而这些举措的落实,将推进上海"医""药"产业生态圈层内相关主体在研发合作、信息交流等多个层次的互动,这不仅有利于落实"健康中国"战略,而且更有助于实现该市"医""药"的深度协同。

(2)"科创中心建设"战略。"科创中心建设"战略提出生物医药产业是上海优先发展的重点领域之一,要夯实优势,瞄准前沿,加快将上海打造成为具有国际影响力的生物医药产业创新高地,为更好地服务国家战略作出更大的贡献。这显然为生物医药产业和医疗健康服务业的技术创新提供了支撑条件,也为"医""药"协同发展提供了战略指引。

(3)"四大功能"战略。习近平总书记对上海提出需要进一步强化"四大功能",即强化全球资源配置功能、强化科技创新策源功能、强化高端产业引领功能和强化开放枢纽门户功能的新要求。四大功能中强化全球资源配置功能促进了全球性医疗资源配置效率的提高,从而激活上海"医""药"协同发展发展动能;强化科技创新策源功能需要着力推进全球创新网络与新型创新联合体的加快配置,形成全球科技创新前沿研发合作平台,为上海"医""药"协同发展中研发层面的协同提供有力支持。同时,如果"医""药"实现有效协同,就可以产生能够解决理论或现实重大问题的策源性创新,从而真正落实该市全球策源这一功能定位。

(4)"一带一路"倡议。"一带一路"倡议强调上海要在国家"一带一路"建设中发挥桥头堡作用,进一步提升上海城市综合服务功能,发展更高层次的开放型经济。生物医药产业和医疗健康服务业是"一带一路"建设的重要合作领域,"一带一路"倡议的深入推进增强了上海"医""药"的辐射力,对于扩大本地生物医药产业的市场半径,为该市极具实力的研究型医院获得更多病种资源、进一步扩大影响力具有重要作用。

(5)上海自由贸易区。该战略的推进,一方面可以吸引全球"医""药"相关主体在上海投资建立总部或分支机构,可为该市居民提供更具全球视野的医疗健康服务与药械产品;另一方面,自由贸易区的先行先试政策,也为解决"医""药"发展中面临的问题给予了较大的空间,如医疗器械注册人制度试点便为提升上海生物医药产业主体开展自主研发提供了激励政策与便利条件。

(6)"长江三角洲一体化"战略。"长江三角洲一体化"战略坚持需求导向、问题导向,强调加快健康医疗领域核心技术和关键技术突破和长三角区域健康服务业一体化创新示范应用,助力大健康产业技术发展。"医""药"协同发展能够紧紧把握市场需求展开药械产品创新,因此促进"医""药"协同发展是推进大健康市场一体化的必然趋势。

2）国家相关政策供给对上海"医""药"协同创新的作用

国家层面的相关政策供给对上海"医""药"协同创新具有十分重要的意义，为此，本章还试图通过梳理 2013—2020 年期间中共中央办公厅、国务院、国家卫生健康委员会、国家医疗保障局等部门出台的相关政策法规，从而明晰国家层面的相关政策供给对上海"医""药"协同创新的推动作用，具体如图 8‑2 所示。

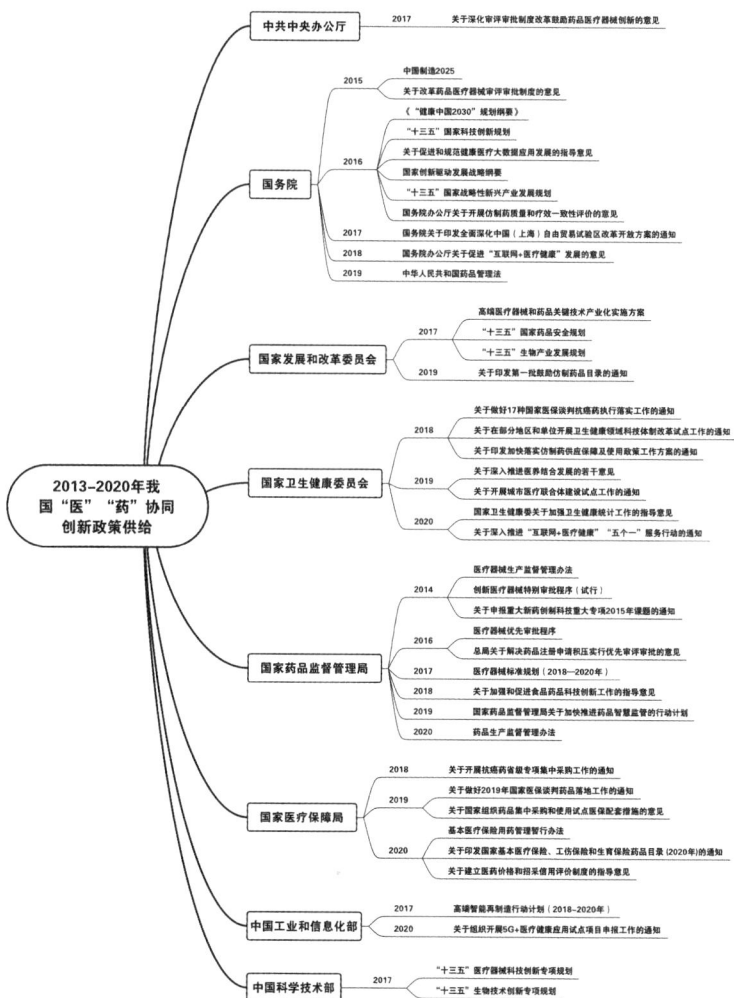

图 8‑2　2013—2020 期间我国"医""药"协同创新政策供给一览

上述国家层面的政策法规的制定与落实对推进上海"医""药"协同创新发挥了积极作用。以国务院 2016 年发布的"健康中国 2030"规划纲要为例，纲要表示要着力推进基本医疗卫生制度建设，努力在分级诊疗制度、现代医院管理制度、全民医保制度、药品供应保障制度、综合监管制度等五个方面上取得突破，这是"健康上海"建设的行动纲领。

3）上海相关政策供给对当地"医""药"协同创新的作用

为积极推进区域内"医""药"协同创新，上海各部门先后出台了诸多政策法规。以下将重点梳理 2013 年以来出台的相关政策，以明晰地方层面的相关政策供给对上海"医""药"协同创新的推动作用，具体如表 8-3 所示。

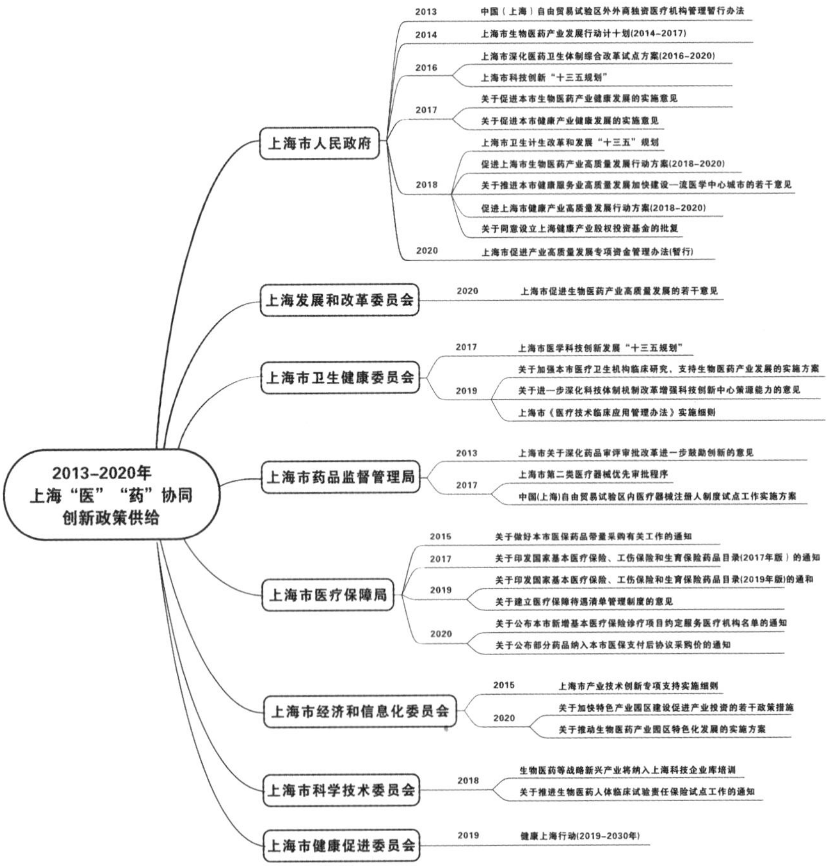

图 8-3　2013—2020 年上海"医""药"协同创新政策供给一览

上述地方层面的政策法规的制定与落实对推进当地"医""药"协同创新发挥了积极作用。2015 年以来,上海在全国率先开展了允许生产许可和上市许可"分离"的药品上市许可持有人制度(MAH)改革试点,其形成的一整套可复制、可推广的举措被吸收到新修订的《药品管理法》之中,从而有力地激发上海本土生物医药企业的创新活力。截至 2020 年 6 月底,上海已有 54 家申请人申报的 137 件 MAH 申请(133 个品种),31 个品种为 1 类创新药。2020 年 7 月 1 日,新修订的《药品生产监督管理办法》(总局 28 号令)正式施行。当日,上海市药监局核发出全国首张研制机构持有人《药品生产许可证》。继药品上市许可持有人制度率先试点后,2017 年,上海市食药监局发布并实施《中国(上海)自由贸易试验区内医疗器械注册人制度试点工作实施方案》,先行先试医疗器械注册人制度创新改革,这使得上海事实上成为药品上市许可持有人制度和医疗器械注册人制度试点的策源地和先行者(宋杰,2021)。

当地政府还在不断提供新的政策供给以加速这一趋势。2021 年 5 月,上海市发展改革委会同该市经济信息化委、市科委、市卫生健康委、市药监局等 16 个部门,研究制订了《关于促进本市生物医药产业高质量发展的若干意见》,由市政府办公厅印发。该《意见》指出,将重点支持创新药品、高端医疗器械、先进生物医药装备和材料、新型服务外包等四大产业发展,同时,特别强调要"畅通转化",明确了强化临床研究转化能力与医企协同的目标,并提出了加强临床研究成果转化激励、开展多中心临床研究协同伦理审查、完善临床研究支撑平台体系、支持有条件的机构建设研究型医院从而提升产医融合创新能力等具体落实措施。

8.4.2 关于支付激励极的实证研究

目前我国对进入医保《目录》的药品提供社会医疗保险支付,自 2000 年起,我国先后制订了 6 版次《目录》,并于 2017 年开始探索目录准入谈判机制,为高值创新药品提供了新的医保准入路径。2019 年,国家医疗保障局表示,70 个新药被纳入此次国家医保药品目录,其中 8 个为近年来上市的国产重大创新药;2020 年版《目录》中共有 66 个高值创新药品以谈判降价纳入医保,其中国产新药高达 29 个,从而明确释放出支持新药创新的信号,详见表 8-11。

表 8-11 基于准入谈判的 2017、2019、2020 版《目录》调整情况

目录名称	颁布时间	执行时间	谈判药品数量	谈判成功药品数量
2017 版	2017	2017	44	36
2019 版	2019	2020	150	97
2020 版	2020	2021	162	119

资料来源:国家医疗保障局网站

国家医保部门将创新药品纳入新版药品目录的行为,不仅为医疗卫生机构对抗癌症等疑难疾病提供了利器,有助于提升医疗卫生机构的整体服务能力,而且还通过医保支付激励了药械企业的创新行为。

尽管药械企业纷纷通过参加准入谈判争取其产品进入《目录》的机会,但值得注意的是,《目录》主要解决居民基本用药保障,因而基金承受力将是决定产品能否进入《目录》的重要考量因素。因而,能够进入《目录》的药械产品毕竟有限。2020 年 3 月,国务院颁布《关于深化医疗保障制度改革的意见》,其中明确指出到 2030 年全面建成以基本医疗保险为主体,医疗救助为托底,补充医疗保险、商业健康保险、慈善捐赠、医疗互助共同发展的医疗保障制度体系。这意味着大量未进入《目录》药品,尤其是高值创新药也需要在社会医疗保险之外探索出路。

从上海社会医疗保险看,该市于 2001 年正式实施城镇职工基本医保制度,在建立公开透明医保总额预算全过程管理、实行医保费用预付约束激励复合机制以及探索多种医保费用支付方式上成效显著(郑树忠,2014),这意

味着该市社会医疗保险的支付激励极作用十分显著。截至 2019 年,上海城镇职工基本医疗保险参保人数已达到 1 540.64 万人(其中城镇职工 1 026.94 万人、享受医保的离退休人员 513.70 万人),且城乡居民基本医疗保险达到 349.83 万人,覆盖人口达到 95% 以上,对该市的"医""药"协同发展起到了积极作用。

从上海健康医疗保险看,为了进一步提升商业健康保险在促进居民健康水平中的地位,2021 年一款由上海市医疗保障局指导、上海银保监局监督的上海城市定制型商业补充医疗保险"沪惠保"上线。该保险由 9 家商业保险公司承保,可覆盖 1 900 万上海基本医保参保人。由于凡是在上海缴纳医保的居民均可参保,且不限年龄、户籍、职业和健康状况,并且对于当地城镇职工基本医保参保人,还可使用其医保个人账户余额给自己或家人①购买该险种,所以该保险一经推出便得到市民的广泛认可。目前,上海"沪惠保"的保额上限为 230 万元,保险内容覆盖范围详见表 8 - 12。

表 8 - 12　上海"沪惠保"覆盖范围一览

保险内容	特定住院自费医疗费用保险金	特定高额药品费用保险金	质子、重离子医疗保险金
免赔额	2 万元	0	0
赔付比例	非既往症人群 70% 既往症人群 50%	非既往症人群 70% 既往症人群 30%	非既往症人群 70% 既往症人群 30%
保险金额	100 万元 (其中单品药品费年度限额 30 万元,单品手术材料费年度限额 20 万元,PET - CT 每年仅限一次)	100 万元	30 万元

① 仅包括投保人的父母、子女以及配偶。

（续表）

保险内容	特定住院自费医疗费用保险金	特定高额药品费用保险金	质子、重离子医疗保险金
保险责任	保障期间,被保险人在住院期间实际发生的,仅限医保支付范围外特定药品费、特定手术材料和检查检验中的自费费用	特药责任	因患有恶性肿瘤,接受质子、重离子放射治疗所发生的质子重离子医疗费用
医院范围	上海市二级及以上医院普通住院部	上海市二级及以上医院或上海市具备销售药品资历的药店(建议通过提供药品直付和送药上门服务的药店购买特定高额药品)	上海市具备质子、重离子治疗资历的医疗机构

资料来源:由上海互惠宝-本地宝有关资料整理而来

由上表可知,该险种覆盖的保险内容分别指向医疗健康服务、药品以及医疗器械,尤其是"高额药品费用"与"质子、重离子医疗保险金"对药械产品创新有明确的支付激励作用。

此外,上海市科委于 2017 年起根据《关于开展生物医药人体临床试验责任保险、生物医药产品责任保险试点工作的通知》(沪科〔2017〕438 号)的精神,联合该市财产险公司对注册在该市具有法人资格的生物医药人体临床试验申办者及从事药品和医疗器械研发、生产及代加工的机构和企业进行保费 50% 的财政专项补贴。

因此,上海市社会医疗保险、"沪惠宝"以及临床试验责任险等共同作为"支付激励极",为上海的"医""药"协同创新提供了重要支撑。

8.5　基于案例研究的实证研究

8.5.1　关于平台导入极的实证研究

推进研发与转化功能型平台建设,是构筑上海科创中心"四梁八柱"的重要内容。作为新型研发机构,研发与转化功能型平台已成为上海科技体制创新的试验田。它们的功能定位包括三方面支撑——支撑产业链创新、支撑重大产品研发转化、支撑创新创业。与外省市相比,上海发展生物医药产业的最大优势是平台(傅大煦,2017)。2017 底,上海生物医药研发与转化功能型平台作为首批平台之一启动立项,为推动该市"医""药"协同创新起到积极作用。

为了强化平台的资源配置功能,上海市科学技术委员于 2018 年评选出评价优良的生物医药技术公共服务平台,这些机构在为自身发展创造价值的同时,也作为该市专业技术服务共享平台,为其他"医""药"生态圈层内的行动者提供服务,从而降低了研究型医院、创新型药械企业的研发成本,同时营造了一个良好的创新生态环境(详见附表 4)。以下选取其中 20 家作为佐证示例,如表 8‑13 所示。

表 8‑13　上海市部分生物医药技术公共服务平台服务概况

序号	平台名称	依托单位	可提供服务范畴
1	上海市新药安全评价专业技术服务平台	上海益诺思生物技术股份有限公司	成药性评价 非临床药代动力学评价 非临床安全性评价

（续表）

序号	平台名称	依托单位	可提供服务范畴
2	上海市新药临床前药效学与安全性评价专业技术服务平台	中国科学院上海药物研究所	检测生物样品生化、血液、血凝等指标 新药临床前毒性与安全性评价研究治疗免疫性疾病的药效学评价
3	上海市生物医用材料测试专业技术服务平台	上海交通大学医学院附属第九人民医院	免疫毒性试验与血液相互作用试验
4	上海市转基因生物与食品安全专业技术服务平台	上海交通大学	对于多种农作物产品的转基因成分的检测
5	上海市药物制剂与工程化专业技术服务平台	上海现代药物制剂工程研究中心有限公司	食品药品包装材料(塑料、金属、橡胶、玻璃、纸质等)检测 药品包装材料与药品的相容性研究 洁净室(区)环境检测
6	上海市中药中试孵化专业技术服务平台	上海中药制药技术有限公司	注射用胶原酶
7	上海市模式生物技术专业服务平台	上海南方模式生物科技股份有限公司	基因修饰小鼠模型饲养繁殖条件性基因敲除小鼠模型研发
8	上海市医用植入物检测专业技术服务平台	上海交通大学医学院附属第九人民医院	骨科生物力学和生物医学工程 骨科植入物和生物材料 干细胞和再生医学 骨软骨退变和骨肿瘤
9	上海市中药标准物质专业技术服务平台	上海诗丹德生物技术有限公司	中药成分分离制备 中药复方物质基础研究 药质量标准研究和工艺研究

（续表）

序号	平台名称	依托单位	可提供服务范畴
10	上海市药物化学和药性评价专业技术服务平台	上海药明康德新药开发有限公司	麻醉动物安全药理试验 马夹式生理信号遥测系统 植入式生理信号遥测系统(血压测量) 利用细胞模型研究药物的吸收
11	上海市药物代谢专业技术服务平台	上海药物代谢研究中心	利用肝微粒体快速检测化合物的代谢稳定性 药物代谢酶的诱导和抑制研究
12	上海市生物医药产品中试孵化专业技术服务平台	上海乔源生物制药有限公司	脂肪乳剂、冻干粉针和水针制剂的质量研究
13	上海市药物结构与成分分析专业技术服务平台	上海张江药谷公共服务平台有限公司	新药结构确证 药物杂杂质分离鉴定 新药质量研究
14	上海市重大疾病蛋白质组研究专业技术服务平台	复旦大学	蛋白组学技术服务
15	上海市高等级生物安全病原微生物检测专业技术服务平台	上海市公共卫生临床中心	常规分子细胞生物学技术服务
16	上海市生物医药蛋白质纯化与分析测试专业技术服务平台	上海中科新生命生物科技有限公司	差异蛋白质的定性定量分析和鉴定
17	上海市抗肿瘤创新药物药效评价专业技术平台	中国科学院上海药物研究所	蛋白质翻译后修饰鉴定

（续表）

序号	平台名称	依托单位	可提供服务范畴
18	上海市基因测序与分析专业技术服务平台	上海人类基因组研究中心	分子量鉴定
19	上海市重大疾病临床生物样本实体库专业技术服务平台	上海申康医院发展中心	病原体核酸及血清学检测
20	上海市新药筛选专业技术服务平台	国家新药筛选中心	抗肿瘤创新药物临床前药效评价及作用机制

资料来源：《上海生物医药产业发展状况报告（2020）》

8.5.2　关于资本驱动极的实证研究

2020年7月22日，微创医疗宣布旗下专注于辅助生殖业务的子公司上海明悦医疗科技有限公司（以下简称"微创明悦"）按计划顺利完成0.20亿美元融资协议的正式签署，本次融资由深圳市创新投资集团有限公司（深创投）及其旗下基金领投，本轮投资完成后，微创明悦的估值将达到美元0.66亿元。

微创明悦成立于2018年11月，专注于辅助生殖领域的医疗科技解决方案，业务涵盖取卵取精、配子及胚胎的冷冻和存储、配子及胚胎的培养和处理、胚胎植入等辅助生殖周期各阶段所需医疗产品的研发、制造、销售和技术支持等。目前，微创明悦已与多家知名医院的辅助生殖中心及全国多所高校实验室建立了友好合作关系。微创明悦作为微创医疗的下属子公司，秉持了母公司坚持开发承载微创伤医疗技术[①]医疗器械的创新思路，并进一

---

① 微创伤医疗技术是一种通过在皮肤上的一个微小切口，在影像引导下，将治疗器材输送到体内病灶处进行医治甚至将病灶彻底消除的现代化医疗技术，今天的中外患者已经普遍知晓并享受着这种技术带来的各种益处。

步丰富微创医疗旗下在辅助生殖领域的产品线和医疗解决方案。

微创明悦可谓是微创医疗接受金融资本的支持不断开展医疗器械研发新领域的冰山一角。仅 2020 年一年,其旗下的其他子公司纷纷获得各类投资:上海微创心通医疗科技有限公司完成 1.30 亿美元融资,上海微创骨科医疗科技有限公司完成 0.89 亿美元融资,微创心律管理完成 1.05 亿美元融资,上海微创电生理医疗科技股份有限公司完成 0.50 亿美元融资,上海微创医疗机器人股份有限公司完成了 4.60 亿美元融资,具体情况如表 8‑14所示。

表 8‑14　微创医疗旗下子公司融资情况一览

公司名称	融资时间	融资金额[①]（亿美元）	投资机构
上海明悦医疗科技有限公司	2020 年 7 月 22 日	0.20	深圳市创新投资集团有限公司（深创投）及其旗下基金
上海微创心通医疗科技有限公司	2020 年 4 月 15 日	1.30	CPE、高瓴资本、清池资本、Gamnat、国新国信东吴海外基金、易方达、三正健康
上海微创骨科医疗科技有限公司	2020 年 5 月 13 日	0.89	国寿大健康基金、易方达资产、粤民投资管、千毅资本
微创心律管理	2020 年 7 月 3 日	1.05	高瓴创投、云锋基金、微创国际

① 融资金额按照 2020 年 12 月 31 日美元兑人民币的中间价 1∶6.5249 统一为美元单位。

（续表）

公司名称	融资时间	融资金额① （亿美元）	投资机构
上海微创电生理医疗科技股份有限公司	2020 年 8 月 5 日	0.50	中信产业基金、远翼投资、易方达资本、浦东科创集团
上海微创医疗机器人股份有限公司	2020 年 8 月 31 日	4.60	高瓴资本、CPE、贝霖资本、远翼投资、易方达资本

资料来源：由微创医疗官网及相关报道资料整理而来

　　微创医疗用不断创新收获了高瓴资本、深创投等投资机构青睐的同时也促使其进一步加强创新。在上海，该公司已与中山医院、瑞金医院等研究型医院建立了持续合作，形成了基于产品"立项—研发—生产—销售/采购—使用与反馈—再研发"的创新闭环。

第9章

促进"医""药"协同发展的总体思路、推进路径与政策建议

本章将结合前述研究成果,以"双元—多极"医药协同创新网络模型理论为指导,结合我国实践,提出有利于促进我国"医""药"协同发展的总体思路、推进路径与政策建议。

9.1 总体思路

提升居民健康水平是"医""药"协同发展的终极目标。为了实现这一目标,"医""药"作为大健康产业的两大子系统必须协同发展。同时"医""药"在长期的发展过程中,已经形成了由核心层、支撑层、载体层、监管层构成的产业生态圈层体系。因此,在推进"医""药"协同发展中需要注重挖掘"医""药"产业、产业生态圈层、产业主体等三个层面上的互动关系,从而形成常态化的协同发展机制。

9.1.1 发展目标

到2030年,构建起覆盖居民全生命周期、以居民为中心的、在全球具有一定影响力的健康服务体系。同时,促使"医""药"协同创新体系更加健全,

推动"医""药"产业规模进一步扩大,并通过着力推进"双元—多极"医药协同创新网络的建设,使我国的优质研究型医院与强势创新型药械企业具有更强的国际竞争力。

9.1.2   基本思路

1)用好国家战略集成优势

进入新世纪,"健康中国""一带一路倡议""长江三角洲一体化""四个中心建设"等诸多国家战略先后出台,这为我国"医""药"协同发展指明了方向。以多重国家战略为导向,积极推动"医""药"各产业生态圈层的行动者实现圈层内与圈层间的协同发展,并通过相关政策引导,让相关国家与区域战略相互借力、共同发力,在促进"医""药"协同的同时,也可为相关战略的落实作出应有贡献。

2)逐步调整"医""药"纵向布局关系

通过推动健康服务理念由"以医院为中心"向"以居民为中心"转变,从根本上转变健康服务供给模式。在"以居民为中心"的理念指引下,逐步摆脱既往"医""药"产业纵向布局的弊端,将居民的健康需求置于健康服务体系的中心地位,通过激发"医""药"各产业生态圈层中可直接面向居民提供服务的相关行动者的潜能,从而全方位、全时段、全场景地响应居民的健康诉求。

3)打造创新闭环,促进"医""药"深度协同发展

对居民健康诉求的响应程度最终由药械产品与诊疗服务创新质量所决定,为此,"医""药"核心层中代表性行动者研究型医院与创新型药械企业必须在研发上建立起紧密的合作关系。而从医药科技自强自立的角度看,我国研究型医院应当有意识地与本土创新型药械企业合作打造基于产品"立项—研发—生产—采购/销售—使用与反馈—再研发"这一首尾相连、循环往复的创新闭环。通过让医疗机构、医师参与到国产药械产品开发的全过程之中,从而增进他们对国产药械产品的优势与使用局限的深度感知,进而将

这种认知客观地传递给居民这一药械产品最终的使用者与支付者,方能逐步消除医疗机构、医师、居民对国产药械产品的成见,并逐步建立起产业互信。因此,打造创新闭环的过程也是增进产业主体间互信与信息交流的过程。

4)培育有利于"医""药"协同创新的生态环境

研究型医院与创新型药械企业作为医药协同创新网络中的"双元",在"医""药"协同创新中发挥着关键作用,但从产业生态的角度看,要确保"双元"之间的创新合作持续实现,需要注意呵护二者赖以生存与发展的产业创新生态环境。如果将"医""药"视为大健康产业的两个子系统,从产业层面看,"医""药"之间互为生态环境;从产业生态圈层体系看,支撑层、载体层、监管层则是核心层赖以生存与发展的生态环境;从产业主体层面看,创新型药械企业或研究型医院的创新意愿与行为也会受到来自"医""药"整体产业生态环境的影响。这意味着要推动"医""药"协同创新,必须营造有利于二者互利共生的产业生态环境。产业创新生态环境一旦破坏,若想修复则要花费高昂的代价。

9.1.3　发展原则

1)要将"医""药"协同发展与国家发展战略相结合

国家战略可为"医""药"协同发展指明发展方向,而"医""药"在落实国家战略的过程中也可进一步促进主体间的协同发展。

2)将医药协同创新置于"医""药"协同发展的核心地位

通过医药协同创新不仅可增强医疗机构与药械企业在产品采购/销售与价值流动、培训与交流、信息交换与反馈上的互动,而且可以增进产业互信,从而形成良性的协作关系。

3)用好体制优势推进"医""药"协同发展

目前,我国医疗机构与药械企业中均有相当比例归属国有,如果卫生、药品监督、发展与改革、科技、社保等监管部门配合得当,可以充分发挥体制优势。

9.2   基于"双元—多极"协同创新网络的"医""药"协同发展推进路径设计

9.2.1   积极推动研究型医院与创新型药械企业间的"创新闭环"构建

研究型医院与创新型药械企业作为"医""药"核心层内关键行动者对创新闭环的构建负有不可推卸的责任。"医""药"之间创新闭环的形成过程虽然漫长而艰辛,但却是托起我国未来"医""药"携手迈向产业高端化发展的关键之举。

早在中国共产党第十九次全国代表大会上,习近平总书记就强调"人民健康是民族昌盛和国家富强的重要标志。要完善国民健康政策,为人民群众提供全方位全周期健康服务"①。这也是本届政府在健康领域落实"以人民为中心"治理理念的重要抓手,并为全面提升大健康产业质量提供了有利契机。为此,健康服务的供给模式必须做出相应调整,具体说来,既可摆脱当前"以医院为中心"的链状服务模式,转向"以居民为中心"的环状服务模式,在深刻响应居民全场景、全时段的健康泛需求的同时,也可助推大健康产业主体潜能的释放。

在"医""药"创新闭环模式下,生物医药产业以往遵循的"立项—实施—结项"链式创新模式将被"研发前—研发中—研发后"这一首尾相连、循环往复、封闭的环状创新模式取代。在临床试验环节"医"与"药"的专业人员就药械产品的使用展开协同创新,当试验结束后,研发工作即告结束并结项。在这一开放的直线链条式创新模式下,药械产品研发人员很难对医疗机构、患者需求做出主动、快速的响应,主要凭经验、直觉、滞后的文献或突发事件启动研发立项,这使得以立项为核心的"研发前"这一关键环节往往与疾病

---

① 习近平.决胜全面建成小康社会 夺取新时代中国特色社会主义伟大胜利[EB/OL].http://cpc. people.com.cn/n1/2017/1028/c64094-29613660-10.html,2017-10-18.

诊疗过程、居民全生命周期的健康需求相互脱节。同时,由于一旦进入生产、销售环节便意味着研发过程的结束,从而使得药械产品在使用过程中的信息反馈无法让研发人员及时获取,这对本土药械产品的持续改进与新一轮研发是极为不利的。从医疗健康服务业的角度看,由于临床医务人员并未全程参与药械产品的开发过程,他们对这些产品性能的可靠性不可避免地存在质疑,而与此同时,多数三级甲等医院长期与国外一线生物医药企业保持着学术交流、药品采购等合作,加之本地生物医药企业的营销方式与外企相比亦存在一定差距,这些很容易使得医疗机构与本地生物医药企业之间存在隔阂。而医务人员对药械产品的认知又会对居民消费行为构成影响,其结果就是本地药械产品难以获得医疗机构、居民的认可,这从医疗机构对本地药械产品销售贡献率不高上得到部分佐证。

9.2.2　用好优势资源禀赋,促进"双元"与"多极"协同效应发挥

1) 强化"双元"的协同效应

打造产业创新闭环的过程虽漫长而艰辛,但却是托起我国未来"医""药"两大产业持续发展的必由之路。

医疗机构及其专业人员对药械产品的使用效果有着最深切的体会。为此,可以让研究型医院内的专家、医生科学家在药械产品"研发前"便"被卷入",并且在随后的"研发中""研发后"等环节上展开持续互动。由于深度参与到药械产品的研发全过程之中,这就让医疗机构的专业人员在研发启动之前便获得了意见表达的机会;通过参与临床试验、深度探讨与反复观察,可熟知药械产品实际可能发挥的效果与局限;在产品上市之后,由于反馈渠道畅通,他们依然有机会对其改进提出建议,这一过程有助于增强医疗机构对本土药械产品的信心。而对生物医药企业而言,由于与诊疗一线人员密切联系,不仅可持续获得关于药械产品使用效果的反馈,而且可将医疗机构专业人员在诊疗过程中所遇到的问题转化为产品进一步改进或设立新一轮研发的目标。这一过程可对我国医疗健康服务整体水平的提升做出重要贡

献,因而这一价值创造的过程必将重塑"医""药"主体之间的认知,进而增进相互之间的信任与依赖。由于医疗机构对居民药械产品的使用具有较强的影响力,随着有关认知的不断改变,我国医疗机构对本土药械产品的采购规模、认可程度也有望得到提升。

2)用好"多极"的触发效应

从知识支撑极来看,除了用好高校的医药人才培养对"医""药"核心层的支撑作用,更要注意它们在科学研究、专利发明、知识创造上的功能发挥。此外,对于相关科研院所在"医""药"协同创新中发挥的作用也不可忽视。

从支付激励极来看,可以通过借鉴英国癌症医药基金的过渡保障模式,逐步建立起社会医疗保险基金与创新型药械产品的常态关联机制,通过支付激励引导企业的创新行为。同时,在商业健康保险支付上,还可借鉴凯撒医疗集团(Kaiser Permanente),其不仅在保险公司、医院、医生集团、风险投资一体化的封闭体系内实现了高效运营,而且运用风险投资加强了医疗健康服务网络与生物医药企业之间的协同,从而强化"医""药"在协同创新上的互动关系。

从资本驱动极来看,金融力量的介入主要表现在两大领域,一是通过金融资本的并购,促成生物医药产业创新闭环的形成,二是通过保险支付对医疗健康服务机构或生物医药企业加以整合。

从政策供给极来看,当前国家与地方层面各个条线已经先后出台了一系列有利于"医""药"协同创新的政策法规。为此,一是要做好各项政策法规的落实工作,二是要注意加强政策目标之间的协同,从而形成政策合力,为"医""药"相关主体创造良好的运营与生态环境。

9.2.3 推动有利于"医""药"协同发展的机制构建

1)积极开发互利共生机制

从产业生态的角度看,"医""药"行动者之间存在相互促进的互利共生关系,这是一种良性且稳定的互动关系,也是"医""药"长久、持续性协同发展的必然要求。放眼全球,在研究型医院与创新型药械企业之间的协作过程中,这一关系十分普遍。此外,在"医""药"协同发展过程中,除了二者的核心层行动者之间存在明确的互利共生关系,其实在支撑层、载体层、监管层的各类行动者与核心层行动者之间也都存在各种潜在的互利共生关系,需要积极开发、构建多元化的互利共生机制,从而形成合力共同促进"医""药"的深度协同发展。

2)积极鼓励资源共享机制

健康数据、研发公共平台等资源的共享不仅可以降低研究型医院与创新型药械企业的科研或研发投入,而且可以避免重复投入。将分散、零散的健康数据汇聚到健康平台之中,让更多的有需要的"医""药"内的相关行动者开展服务提供模式变革(笪学荣等,2021)、基于新病种的原研药开发(冯爱玲等,2017)均有着十分重要的现实意义。同时,从复杂网络的角度看,"医""药"相关平台是汇聚大健康产业各类资源要素的枢纽,需要予以足够的重视加以培育、引导、开放,使其在"医""药"协同发展中创造出更大的价值。

3)创建风险共担机制

新药与创新型药械产品开发充满风险,为此,创新主体可通过股权合作、风险资本介入、市场内部化、组建创新联合体等机制降低风险。同时,有关部门也可以通过提供相应的政策供给帮助企业降低由创新带来的不确定性风险。此外,在数字化赋能的条件下,还可以通过引入区块链技术,减少因参与主体的失信带来的风险。

4)培育产业互信机制

在积极打造创新闭环的过程中增进"医""药"之间的产业互信,同时也会增强医疗机构、药械企业之间的互信,进而将这种认知逐步传递给居民。为此,需要发挥医生的影响力,如对通过一致性评价的仿制药、本土企业开发的创新药械进行客观、真实的宣传,并主动反馈在使用中产生的积极与消极效果,这在"后疫情"时代与医药科技自立自强的战略背景下显得尤为重

要。从本土药械企业看,也要积极关注以研究型医院为代表的"医"的发展
诉求,通过帮助他们解决临床诊疗中面临的新问题、主动帮助医院开展学科
建设,在提升自身与相关主体能力的同时,也让"医""药"之间的协同发展迈
上新台阶。

9.3 促进"医""药"协同发展的政策建议

9.3.1 构建有利于促进"医""药"协同发展的联动考核机制

目前,与"医""药"相关的部门均承载着各自的监管目标,这也是产业分
工发展到一定阶段的必然结果。但"医""药"协同作为大健康产业发展中的
核心议题,也需要协同监管给予保驾护航。因而,采取多方联动的考核机
制,是推进这一目标的重要手段。

早在 2016 年,《国务院深化医药卫生体制改革领导小组关于进一步推广
深化医药卫生体制改革经验的若干意见》就对加强医疗、医保、医药"三医"
联动做出了重要指示,并在江苏、安徽、福建、青海等省的基础上增加了上
海、浙江、湖南、重庆、四川、陕西、宁夏 7 省市开展综合医改试点。试点省份
建立健全强有力的医改组织领导体制和工作推进机制,充分发挥医改领导
小组的统筹协调作用,建立医疗、医保、医药统一的管理体制,加强部门协同
配合,形成改革合力,率先在重点领域和关键环节取得突破,加快形成符合
实际、可推广、可复制的改革经验和模式,推动医改工作从试点探索、单项突
破逐步转向系统配套、全面推进。这为在全国范围进一步构建基于"三医"
联动的"医""药"协同发展的联动考核机制奠定了坚实基础。建议在医疗、
医保、医药相关监管部门的基础上,将发展与改革、工业与信息化、科技等与
"医""药"协同发展密切相关的部门纳入其中,建立联席会议机制,同时,加
强对其联动考核,从而有效促进"医""药"之间的深度协同发展。

9.3.2　进一步强化研究型医院在促进"医""药"协同发展中的责任

目前,以研究型医院为代表的医疗健康服务业处于生物医药产业的下游,不仅是药械产品的接收者,更是产品研发的动力源头。加之研究型医院与省会城市或直辖市三级甲等医院的重叠度高,而这些医院多为公立,在科技自强自立的背景下,应在本土药械产品开发协作上做出表率:理应承担起持续向本土药械企业反馈产品使用效果、在同等条件下优先考虑采购本土药械产品、在仿制品种通过一致性评价的结果面前选择客观地向患者宣传介绍产品性能等责任。这需要相关部门积极引导予以落实。

对于研究型医院的创建,除了可对现有三级甲等医院进行改造外,还可鼓励符合准入要求的科研院所、创新型药械企业以及社会资本积极加入构建队伍之中,以确保基于自主创新的本土药械企业可以与多元化的研究型医院建立起长期、稳定的合作关系,进而提升"医""药"协同创新效率。

9.3.3　加强对"医""药"强势机构的培育,以提升国际影响力

在厘清"医""药"产业生态圈层相关主体功能定位的基础上,有意识地培育各类强势机构,如"医""药"核心层中的华西医院、仁济医院、国药控股、上海医药、恒瑞医药等,以及支撑层的药明康德、泰格医药、美迪西等。鼓励他们在发展中不仅要关注自身在国内同类机构中的排名,更要关注在行业顶级发展领域的排名,并通过以评促建,在推动产业向高端化发展的同时提升其国际国内辐射力。

与此同时,在推进"一带一路"倡议的背景下,借鉴新加坡"以外养内"的国家战略,不断扩大相关主体的海外市场份额,在推动强势机构跻身国际一流水平的同时提升我国大健康产业的国际影响力。

9.3.4 打造公共信息交流平台,让健康数据成为联结创新主体之间的纽带

针对本土药械企业缺乏有效向各级各类医疗机构宣传自身产品特色的机会,可由政府出面建立公共交流平台,让更多的药械企业可以低成本、便捷、持续地向相关机构等进行交流,在增进理解、互信的基础上,为两大产业在研发环节上展开深度合作奠定基础。针对本土药械企业缺乏持续获得关于产品使用效果反馈的信息的问题,可由政府作为独立的非利益相关方出面,作为对接"医""药"信息的桥梁,由政府统一出资采购相关数据,在保证数据真实可靠的基础上,提升药械企业产品立项、研发质量的能力。

在大数据条件下,健康数据将成为药械产品研发与持续改进的重要依托。健康数据的产生、获取、存储离不开居民、医疗卫生机构、体检中心、检验检测中心、健康信息管理机构等诸多主体的共同参与,为此,需要积极将这些主体逐步纳入"医""药"创新体系之中,发挥他们在健康数据形成中的作用,尤其要赋予并落实医疗机构在"医""药"协同发展中健康数据管理责任,即除了要向药械企业持续反馈产品使用效果的信息外,还应积极与健康数据监测、院外急救设施的相关机构建立起数据共享、服务联动机制,从而让健康数据得以在创新闭环中扮演起"流动的血液"这一重要角色。这意味着需要打破相关主体与药械研发主体之间的边界,并与相关研发团队展开合作。同时,也需要注意发现、培育以健康数据应用为依托、在健康数据生成中扮演重要角色的平台机构或网络节点,从而为打造由健康数据驱动的创新闭环奠定基础。

此外,还应鼓励研发团队之间的健康数据、研发数据共享,这对避免重复研发、提高产业整体研发效率具有积极作用。

9.3.5 着力扶持拥有创新闭环的品种及其所属团队

由于新药研发具有高投入、高技术、高风险、周期长的特点,没有专门的

组织协调机构与雄厚的资金投入,要想源源不断地研发出安全有效的新药或创新型医疗器械产品几乎是不可能的。因此,一是要积极寻找、发现可能形成创新闭环的改进药、原研药的合作创新团队。由于这些团队已经在长期研发过程中,与医疗机构、医生科学家建立起了稳定的合作关系,因此,不仅能够针对临床问题适时提出药械产品改进的研发提案,而且可能根据持续的临床观察结果,对研发提案进行调整,因此,降低了研发的不确定性;二是要用好我国金融、商业保险机构的力量,必要时提供政府专项引导基金,或提供财政补贴、税收优惠以及鼓励直接投资和融资担保等措施,从而为此类团队创造良好的创新条件;三是用好政策合力。比如在当前鼓励构建创新联合体的政策背景下,对于"医""药"之间已经形成创新闭环的团队可作为创新联合体的重要组织形式之一加以对待,同时有关部门应予以鼓励并推广。

9.3.6　创新社会医疗保险与健康保险的支付方式

社会医疗保险应逐步建立多元化、利益相容的支付目标,即不仅要确保居民的基本用药需求,还要逐步加大对创新药械的支付力度。此外,对诊疗成本节约或对医护人员健康保护具有积极作用的药械产品支付应持鼓励态度。

不断推进医保支付方式改革,强化按绩效付费的同时逐步引入按人付费的方式,从而引导医疗机构、医师将关注的重点从疾病治疗转向提升居民的健康水平上,并引导他们更加乐意通过与药械企业合作以丰富其提升居民健康水平的手段上。同时,鼓励药械企业与医疗卫生机构、社会医疗支付机构、商业保险机构展开合作,推动以临床疗效为标准和责任共担的付费模式,在提升医疗卫生机构服务能力的同时促进药械企业创新成果的变现。

9.3.7　以新冠肺炎防治为契机,积极打造创新闭环

新冠肺炎疫情之下,医疗健康服务业对药械产品的供应数量、种类、质

量以及响应速度都提出了更高要求,这对本地生物医药企业是一次重要的挑战与机遇。建议发展与改革、科技等监管部门敦促本地生物医药企业主动对接医疗健康服务机构,积极关注它们在疫情之中、后疫情阶段的各类诉求,通过加强产业主体之间的沟通与协同,从而为"医""药"创新闭环的培育与构建做出积极贡献。

9.3.8 加强居民健康数据保护与合理使用并重

在互联网+背景下,健康大数据技术的引入使得居民健康信息的获得将变得前所未有的方便。有关居民健康数据的记录将不仅仅限于既往病史、疾病诊疗情况、家族病史、历次体检结果等,也包括其经济信息(费用支付与结算等信息)和社会信息(家庭成员信息、家族病史等)。由于居民健康信息具有个人标识,隐私性强,一旦泄露将对个人生活发展造成巨大影响,为此,建议制定《居民健康信息保护法》作为居民健康数据保护的基本法和上位法,从健康数据保护的主体、居民健康数据的界定、居民健康数据合理使用的条件与情形、健康数据的管理机构以及健康数据保护的技术性要求等方面对居民健康数据涉及保护的各方面问题加以规定和细化,从而使居民的健康数据管理有法可依,具体操作上有章可循。

鉴于居民健康数据对疾病预防、医药研发、诊疗水平改进等方面的重要意义,还应建立科学的管理机制,如申请、获取健康数据的流程制度管理机制,根据申请进行授权的机制,对信息披露、使用情况进行审计的管理机制,当事人代表资格的管理机制,违反规定的各类活动处罚机制,在确保信息安全的前提下使居民健康数据得到有效的利用。

9.3.9 积极推动大健康产业生态环境建设

1)树立全面健康管理理念,完善大健康产业的顶层设计

在明晰全生命周期、全人口健康覆盖目标的前提下,从国际国内定位、民间资本引入、法律规章完备等角度完善我国大健康服务业发展的顶层设

计。健康服务体系的顶层设计需要建立政府牵头、多专业团队介入、社会积极参与的网络体系。一是需要政府相关部门能够在行政审批、财政、税收、土地优惠、人才等方面给予政策支持;二是能够在与大健康产业发展相关的电子商务和物联网平台项目方面制定优惠政策,力争通过政策引导,加快我国医疗健康产业健康有序的发展;三是健康服务体系核心层、支撑层的各细分领域必须形成1~2家强势机构,以提升国际影响力;四是发挥产业链相对完整与医疗健康服务业消费相对集中的优势。

2)全面审视产业基本结构与功能,优化产业布局

进一步提升现有医疗机构的服务水平,通过政策引导,吸引民间资本积极进入医疗与非医疗健康管理服务领域,完善核心层的结构与功能;关注人口转移动态,优化医疗健康服务业的空间与功能布局;加强对支撑层产业集群与科技集群的引导,在提升产业能级的同时强化对核心层的支持能力。

3)强化机构关联度,密切圈层协调发展

注重医疗机构与非医疗机构的关联度,尤其要以法制手段加强养老机构与医疗机构之间的衔接;通过制定"医联体"、医师多点执业等制度的配套措施加强医疗机构横向与纵向、公立与非公立医院的协同,同时积极探索基于项目制的医疗资源共享机制设计;加大医疗与养老护理人员、执业药师等稀缺人才的培养力度;强化相关服务机构对健康服务业人才流动的促进功能;通过政策扶持,引导商业保险机构进入疾病预防、健康体检等非基本医疗领域。

附　　录

附表 1　2021 年自然指数（Nature Index）排名前 100 位研究型医院

2020	机　　构	分享	计数	2019—2020 年调整后份额变化 *
1	得克萨斯大学西南医学中心,美国	152.36	316	4.4%
2	哥伦比亚大学欧文医学中心,美国	124.78	412	4.4%
3	密歇根医学中心,美国	113.82	323	17.5%
4	加州大学圣地亚哥医学中心,美国	104.77	411	− 11.9%
5	杜克大学医学中心,美国	97.12	298	− 11.7%
6	纪念斯隆·凯特林癌症中心,美国	97.02	349	− 11.5%
7	麻省总医院,美国	93.12	647	− 13.0%
8	纽约大学朗格内医疗中心,美国	86.47	267	6.3%
9	范德比尔特大学医学中心,美国	84.27	259	12.3%
10	华盛顿大学医学中心,美国	84.22	345	− 20.4%
11	西奈山医学中心,美国	83.12	333	28.7%
12	得克萨斯大学安德森癌症医学中心,美国	76.52	329	− 0.9%
13	布莱根妇女医院,美国	70.17	526	1.8%

（续表）

2020	机　　构	分享	计数	2019—2020 年调整后份额变化 *
14	加州大学洛杉矶分校卫生,美国	69.90	310	− 28.7%
15	梅奥诊所,美国	59.04	192	35.3%
16	美国丹娜—法伯癌症研究院,美国	58.99	461	22.5%
17	波士顿儿童医院,美国	55.21	418	4.0%
18	圣朱德儿童研究医院,美国	47.01	110	10.6%
19	加州大学旧金山医学中心,美国	45.92	229	− 0.8%
20	科学研究、住院和医疗保健科学研究所,意大利	44.58	243	− 7.9%
21	犹他州健康科学中心,美国	38.07	121	− 16.3%
22	上海交通大学医学院附属仁济医院,中国	36.56	139	48.8%
23	多伦多儿童医院,加拿大	35.20	159	31.5%
24	辛辛那提儿童医院医疗中心,美国	34.58	98	− 5.0%
25	贝斯以色列女执事医疗中心,美国	32.74	306	14.4%
26	休斯敦得克萨斯大学健康科学中心,美国	31.87	174	5.2%
27	克利夫兰诊所,美国	29.63	108	25.1%
28	加州大学戴维斯分校医学中心,美国	27.77	98	49.1%
29	莱顿大学医学中心,荷兰	27.54	153	20.0%
30	四川大学华西临床医学院/华西医院,中国	26.11	82	− 11.0%
31	多伦多综合医院,加拿大	25.33	121	− 14.7%
32	费城儿童医院,美国	24.41	161	− 1.6%
33	伊拉斯谟大学医学中心,荷兰	24.03	155	9.0%
34	罗切斯特大学医学中心,美国	23.92	82	18.8%
35	汉堡—埃彭多夫大学医学中心,德国	22.20	142	− 26.1%
36	希望之城国家医疗中心,美国	22.13	73	12.2%
37	海德堡大学医学院附属医院,德国	21.27	171	63.5%
38	格罗宁根大学医学中心,荷兰	21.11	113	0.7%

（续表）

2020	机　构	分享	计数	2019—2020 年调整后份额变化 *
39	得克萨斯大学圣安东尼奥健康科学中心，美国	20.95	68	21.2%
40	乌得勒支大学医学中心，荷兰	19.84	146	− 16.0%
41	巴黎公共援助医院，法国	19.09	218	18.9%
42	内布拉斯加大学医学中心，美国	19.04	44	69.9%
43	阿姆斯特丹自由大学医学中心，荷兰	18.72	164	25.4%
44	阿姆斯特丹大学学术医疗中心，荷兰	18.38	198	− 25.9%
45	汉诺威医学院，德国	17.74	108	15.9%
46	图宾根大学附属医院，德国	17.21	109	13.6%
47	得克萨斯大学医学分部健康科学中心，美国	16.71	58	21.8%
48	雪松—西奈医疗中心，美国	16.62	76	13.3%
49	德国哥廷根大学医学中心，德国	16.50	97	− 10.3%
50	H.LEE 莫菲特癌症中心，美国	16.26	49	6.0%
51	北卡罗来纳大学莱恩伯格综合癌症中心，美国	15.82	97	11.9%
52	麦吉尔大学健康中心，加拿大	15.82	86	− 5.8%
53	荷兰癌症研究所，荷兰	15.65	101	− 27.8%
54	拉德布德大学医学中心，荷兰	14.86	131	2.4%
55	埃尔朗根大学附属医院，德国	14.76	52	23.5%
56	苏黎世大学附属医院，瑞士	14.75	72	34.8%
57	俄亥俄州立大学韦克斯纳医学中心，美国	14.25	76	20.0%
58	延世大学卫生系统，韩国	14.00	54	20.2%
59	堪萨斯大学医学中心，美国	13.91	59	85.1%
60	浙江大学医学院附属第二医院，中国	13.23	54	51.0%
61	波恩大学附属医院，德国	13.17	89	− 16.0%
62	美国康涅狄格大学健康中心，美国	13.16	57	− 17.4%

（续表）

2020	机　构	分享	计数	2019—2020 年调整后份额变化 *
63	上海交通大学医学院附属瑞金医院,中国	12.16	54	131.9%
64	宾夕法尼亚大学卫生系统,美国	12.14	75	− 8.0%
65	休斯敦卫理公会,美国	11.98	47	30.0%
66	中山大学肿瘤防治中心,中国	11.91	40	− 11.2%
67	中山大学孙逸仙纪念医院/中山大学附属第二医院,中国	11.55	49	53.4%
68	德国弗莱堡大学医学中心,德国	10.53	72	− 13.3%
69	匹兹堡大学医学中心,美国	10.51	90	− 35.7%
70	西班牙国家癌症研究中心,西班牙	10.46	51	0.7%
71	牛津大学医院信托基金,英国	10.45	136	23.2%
72	奥斯陆大学医院,挪威	10.40	69	− 2.0%
73	因斯布鲁克医科大学,奥地利	10.31	39	60.5%
74	洛桑大学医院,瑞士	10.04	69	4.3%
75	多伦多大学附属西奈卫生系,加拿大	10.03	81	15.5%
76	约翰霍普金斯卫生系统,美国	9.82	119	− 26.4%
77	明斯特大学医院,德国	9.69	47	37.7%
78	佛罗里达大学健康,美国	9.59	47	6.7%
79	斯坦福医疗保健,美国	9.52	209	− 20.4%
80	得克萨斯儿童医院—贝勒医学院,美国	9.35	119	17.4%
81	中国人民解放军总医院/解放军医学院 301 医院,中国	9.30	44	49.3%
82	斯坦福儿童健康研究中心,美国	9.24	206	− 20.3%
83	浙江大学附属第一医院/浙江省第一医院,中国	8.94	50	46.1%
84	美因茨约翰内斯古腾堡大学医学中心,德国	8.85	59	− 1.8%
85	巴塞尔大学医院,瑞士	8.73	69	− 4.4%

（续表）

2020	机　构	分享	计数	2019—2020 年调整后份额变化 *
86	图姆大学医院 克利尼库姆·雷希特斯·德·伊萨尔，德国	8.55	101	56.7%
87	省卫生服务局，加拿大	8.46	64	− 17.4%
88	田纳西大学健康科学中心，美国	8.41	35	− 15.1%
89	中南大学湘雅医院，中国	8.36	46	− 17.8%
90	上海市第六人民医院/上海交通大学附属第六人民医院，中国	8.30	34	69.4%
91	圣地亚哥拉迪儿童医院，美国	8.25	86	6.9%
92	慕尼黑大学医院，德国	8.22	106	− 30.3%
93	日本国家癌症中心，日本	8.08	42	2.6%
94	上海交通大学医学院附属第九人民医院，中国	8.05	34	− 1.3%
95	卡罗林斯卡大学医院，瑞典	7.91	83	− 9.7%
96	西雅图儿童医院，美国	7.78	63	− 28.0%
97	罗斯韦尔公园癌症研究所，美国	7.72	36	39.6%
98	华中科技大学同济医学院附属同济医院，中国	7.33	39	31.0%
99	复旦大学附属肿瘤医院，中国	7.18	38	6.5%
100	浙江大学医学院附属邵逸夫医院/浙江省邵逸夫医院，中国	7.11	42	41.9%

资料来源：《自然》杂志官网

附表 2　2021 年福布斯全球 TOP2000 企业排名中的创新型药械企业名录

排名	公司	国家和地区	销售额	利润	资产	市值
34	强生	美国	$ 82.6 B	$ 14.7 B	$ 174.9 B	$ 427.1 B
58	辉瑞制药	美国	$ 47.6 B	$ 9.6 B	$ 154.2 B	$ 215.2 B
60	罗氏	瑞士	$ 62.1 B	$ 15.2 B	$ 97.4 B	$ 287.1 B

（续表）

排名	公司	国家和地区	销售额	利润	资产	市值
65	诺华	瑞士	$ 48.6 B	$ 8.1 B	$ 132.2 B	$ 198.6 B
72	赛诺菲	法国	$ 41.1 B	$ 14 B	$ 140.1 B	$ 127.4 B
74	艾伯维	美国	$ 45.8 B	$ 4.6 B	$ 150.6 B	$ 190.4 B
84	默沙东	美国	$ 47.8 B	$ 7.1 B	$ 91.6 B	$ 196 B
97	葛兰素史克	英国	$ 43.7 B	$ 7.4 B	$ 109.9 B	$ 92.9 B
121	雅培	美国	$ 34.6 B	$ 4.5 B	$ 72.5 B	$ 220.3 B
124	赛默飞世尔科技	美国	$ 32.2 B	$ 6.4 B	$ 69.1 B	$ 193.7 B
131	美敦力	爱尔兰	$ 27.9 B	$ 2.9 B	$ 97.3 B	$ 169.7 B
150	安进	美国	$ 25.2 B	$ 7.3 B	$ 62.9 B	$ 147.2 B
156	丹纳赫	美国	$ 22.3 B	$ 3.6 B	$ 76.2 B	$ 173.3 B
161	阿斯利康	英国	$ 27.7 B	$ 3.2 B	$ 66.7 B	$ 133.9 B
180	3M	美国	$ 32.2 B	$ 5.4 B	$ 47.3 B	$ 115.1 B
186	礼来	美国	$ 24.5 B	$ 6.2 B	$ 46.6 B	$ 181.4 B
195	武田制药	日本	$ 30 B	$ 1.7 B	$ 119 B	$ 53.3 B
232	默克	德国	$ 20 B	$ 2.3 B	$ 51.6 B	$ 77.6 B
245	费森尤斯	德国	$ 41.4 B	$ 1.9 B	$ 81.5 B	$ 25.4 B
251	贝克顿-迪金森公司	美国	$ 18.2 B	$ 1.6 B	$ 54.7 B	$ 75.8 B
260	诺和诺德	丹麦	$ 19.4 B	$ 6.4 B	$ 23.8 B	$ 167.3 B
325	史赛克	美国	$ 14.4 B	$ 1.6 B	$ 34.3 B	$ 96.8 B
349	康德乐	美国	$ 156.5B	$ 1.4 B	$ 44.7 B	$ 18 B
410	百时美施贵宝	美国	$ 42.5 B	$ - 9B	$ 118.5 B	$ 146.2 B
429	拜耳	德国	$ 47.2 B	$ - 12B	$ 150.3 B	$ 63.6 B
449	Biogen	美国	$ 10.6 B	$ 4 B	$ 24.6 B	$ 40.7 B
457	沃尔格林	美国	$ 138.5B	$ - 616 M	$ 90.9 B	$ 46.1 B
518	吉利德科学	美国	$ 24.6 B	$ 123 M	$ 68.4 B	$ 84 B
546	麦克森	美国	$ 237.6B	$ - 4.2 B	$ 61.8 B	$ 30.7 B

（续表）

排名	公司	国家和地区	销售额	利润	资产	市值
556	Regeneron Pharmaceutica	美国	$ 8.5 B	$ 3.5 B	$ 17.2 B	$ 53.8 B
562	大冢控股	日本	$ 13.3 B	$ 1.4 B	$ 25.5 B	$ 21.6 B
563	百特国际	美国	$ 11.7 B	$ 1.1 B	$ 20 B	$ 43.8 B
580	国药控股	中国	$ 66.3 B	$ 1 B	$ 47.6 B	$ 8.9 B
585	安斯泰来制药	日本	$ 11.7 B	$ 1.3 B	$ 22.2 B	$ 28.1 B
700	第一三共	日本	$ 9 B	$ 661.2M	$ 19.9 B	$ 48.4 B
744	Vertex Pharmaceutica	美国	$ 6.2 B	$ 2.7 B	$ 11.8 B	$ 56.8 B
873	Iqvia Holdings	美国	$ 11.4 B	$ 279 M	$ 24.6 B	$ 41.3 B
874	Viatris	美国	$ 11.9 B	$ - 669.9 M	$ 61.6 B	$ 16.2 B
906	亚力兄制药	美国	$ 6.1 B	$ 603.4M	$ 18.1 B	$ 36.2 B
936	梯瓦制药	以色列	$ 16.6 B	$ - 4B	$ 50.6 B	$ 11.9 B
964	上海医药	中国	$ 27 B	$ 592.3M	$ 19.7 B	$ 5.9 B
1014	优时比	比利时	$ 6.1 B	$ 834.5M	$ 16.3 B	$ 18.6 B
1020	恒瑞医药	中国	$ 3.6 B	$ 835.1M	$ 4.8 B	$ 65.8 B
1082	卫材	日本	$ 6.6 B	$ 877.4M	$ 10 B	$ 19.1 B
1225	瑞思迈	美国	$ 3.1 B	$ 698.9M	$ 4.6 B	$ 30.2 B
1293	药明康德	中国	$ 2.4 B	$ 425.2M	$ 7.1 B	$ 63.5 B
1310	智飞生物	中国	$ 2.2 B	$ 478.2M	$ 2.3 B	$ 43 B
1322	B3	巴西	$ 1.6 B	$ 805 M	$ 9.2 B	$ 19.9 B
1340	西雅图遗传学公司	美国	$ 11.1 B	$ - 4.9 B	$ 27.1 B	$ 10.1 B
1494	石药集团	中国香港	$ 3.6 B	$ 749 M	$ 4.6 B	$ 14.8 B
1503	长春高新	中国	$ 1.2 B	$ 441.4M	$ 2.6 B	$ 27 B
1616	翰森制药	中国	$ 1.3 B	$ 372.6M	$ 3.2 B	$ 27.3 B
1624	药明生物	中国	$ 818 M	$ 245.3M	$ 4.4 B	$ 56.4 B
1632	小野药品	日本	$ 2.8 B	$ 696.5M	$ 7 B	$ 12.9 B
1745	中国生物制药	中国香港	$ 3.4 B	$ 404.2M	$ 7.2 B	$ 19.5 B

（续表）

排名	公司	国家和地区	销售额	利润	资产	市值
1862	广州白云山医药集团	中国	\$ 8.9 B	\$ 419.7M	\$ 9.1 B	\$ 4 B
1876	复星医药	中国	\$ 4.4 B	\$ 531.4M	\$ 12.8 B	\$ 12 B
1908	漳州片仔癀药业	中国	\$ 936 M	\$ 238 M	\$ 1.6 B	\$ 28.6 B
1915	百济神州	中国	\$ 309 M	\$ - 1.6 B	\$ 5.6 B	\$ 28.4 B

资料来源：Forbes 官方网站

附表 3　国家药物临床试验机构分布情况

省市	药物临床试验机构名单	认证日期	有效截止日期
北京市	北京爱尔英智眼科医院	2019.10.16	2022.10.15
	北京博爱医院	2019.10.16	2022.10.15
	北京博仁医院	2019.10.16	2022.10.15
	北京大学第一医院	2019.10.16	2022.10.15
	北京大学人民医院	2019.10.16	2022.10.15
	北京和睦家医院	2019.05.27	2022.05.26
	北京陆道培医院	2019.10.16	2022.10.15
	北京清华长庚医院	2019.10.16	2022.10.15
	首都医科大学附属北京儿童医院	2019.10.16	2022.10.15
	首都医科大学附属北京同仁医院	2019.10.16	2022.10.15
	首都医科大学附属北京中医医院	2019.10.16	2022.10.15
	北京市肛肠医院(北京市西城区二龙路医院)	2019.10.16	2022.10.15
	北京医院	2019.10.16	2022.10.15
	中国中医科学院西苑医院	2019.10.16	2022.10.15
天津市	天津市第二人民医院	2019.10.16	2022.10.15
	天津市中心妇产科医院	2019.10.16	2022.10.15

（续表）

省市	药物临床试验机构名单	认证日期	有效截止日期
河北省	唐山市妇幼保健院	2019.10.16	2022.10.15
	沧州市人民医院	2019.10.16	2022.10.15
	沧州市中心医院	2019.10.16	2022.10.15
	河北大学附属医院	2019.10.16	2022.10.15
	河北省人民医院	2019.10.16	2022.10.15
	河北省眼科医院	2019.10.16	2022.10.15
	河北医科大学第一医院	2019.10.16	2022.10.15
	河北中石油中心医院	2019.10.16	2022.10.15
	华北石油管理局总医院	2019.10.16	2022.10.15
山西省	大同市第三人民医院	2019.03.12	2022.03.11
	太原钢铁(集团)有限公司总医院	2019.10.16	2022.10.15
	阳泉煤业(集团)有限责任公司总医院	2019.10.16	2022.10.15
	山西大医院	2019.10.16	2022.10.15
	山西晋城无烟煤矿业集团有限责任公司总医院-晋城大医院	2019.05.27	2022.05.26
	山西省眼科医院	2019.10.16	2022.10.15
	山西省运城市中心医院	2019.10.16	2022.10.15
	山西省肿瘤医院	2019.10.16	2022.10.15
	大同煤矿集团有限责任公司总医院	2019.10.16	2022.10.15
	晋中市第一人民医院(山西医科大学附属医院)	2019.10.16	2022.10.15
	长治市人民医院	2019.10.16	2022.10.15
内蒙古自治区	内蒙古医科大学附属医院	2019.10.16	2022.10.15
	赤峰学院附属医院	2019.10.16	2022.10.15
	内蒙古医科大学附属人民医院(内蒙古自治区肿瘤医院)	2019.03.12	2022.03.11

（续表）

省市	药物临床试验机构名单	认证日期	有效截止日期
辽宁省	盘锦辽油宝石花医院	2019.10.16	2022.10.15
	沈阳市第五人民医院	2019.10.16	2022.10.15
	沈阳医学院附属中心医院	2019.10.16	2022.10.15
	大连大学附属中山医院	2019.10.16	2022.10.15
	大连市第七人民医院	2019.05.27	2022.05.26
	锦州医科大学附属第一医院	2019.10.16	2022.10.15
	中国医科大学附属第四医院	2019.10.16	2022.10.15
吉林省	延边第二人民医院	2019.10.16	2022.10.15
	吉林国文医院	2019.10.16	2022.10.15
	吉林省肝胆病医院	2019.10.16	2022.10.15
黑龙江省	哈尔滨市第一医院	2019.10.16	2022.10.15
	哈尔滨医科大学附属第四医院	2019.10.16	2022.10.15
上海市	上海爱尔眼科医院	2019.10.16	2022.10.15
	上海国际医学中心	2019.10.16	2022.10.15
	上海市宝山区罗店医院	2019.10.16	2022.10.15
	上海市第四人民医院	2019.10.16	2022.10.15
	上海市静安区中心医院	2019.10.16	2022.10.15
	上海市松江区中心医院	2019.10.16	2022.10.15
	上海市杨浦区市东医院	2019.10.16	2022.10.15
	上海长海医院	2019.10.16	2022.10.15
江苏省	南京市中医院	2019.10.16	2022.10.15
	南京医科大学附属淮安第一医院（淮安市第一人民医院）	2019.10.16	2022.10.15
	沭阳县人民医院	2019.10.16	2022.10.15

（续表）

省市	药物临床试验机构名单	认证日期	有效截止日期
江苏省	苏州科技城医院	2019.10.16	2022.10.15
	无锡市第八人民医院	2019.10.16	2022.10.15
	无锡市人民医院	2019.10.16	2022.10.15
	无锡市中西医结合医院(无锡市第三人民医院)	2019.10.16	2022.10.15
	徐州市传染病医院	2019.10.16	2022.10.15
	徐州市第一人民医院	2019.10.16	2022.10.15
	徐州市儿童医院	2019.10.16	2022.10.15
	徐州市肿瘤医院(徐州市第三人民医院)	2019.10.16	2022.10.15
	宜兴市人民医院	2019.10.16	2022.10.15
	常州市第二人民医院	2019.10.16	2022.10.15
	江苏省省级机关医院	2019.10.16	2022.10.15
	连云港市东方医院	2019.10.16	2022.10.15
	镇江市精神卫生中心	2019.10.16	2022.10.15
浙江省	宁波大学医学院附属医院	2019.10.16	2022.10.15
	宁波市第一医院	2019.10.16	2022.10.15
	宁波市医疗中心李惠利医院	2019.10.16	2022.10.15
	台州市第一人民医院	2019.10.16	2022.10.15
	台州市立医院(台州学院医学院附属市立医院)	2019.10.16	2022.10.15
	台州市中心医院(台州学院附属医院)	2019.10.16	2022.10.15
	温岭市第一人民医院	2019.10.16	2022.10.15
	温州市人民医院	2019.10.16	2022.10.15
	温州市中心医院	2019.10.16	2022.10.15
	温州医科大学附属第一医院	2019.10.16	2022.10.15
	绍兴第二医院	2019.10.16	2022.10.15

（续表）

省市	药物临床试验机构名单	认证日期	有效截止日期
浙江省	绍兴市中心医院	2019.10.16	2022.10.15
	东阳市横店医院	2019.10.16	2022.10.15
	东阳市人民医院	2019.10.16	2022.10.15
	杭州康柏医院	2019.10.16	2022.10.15
	湖州市第一人民医院	2019.10.16	2022.10.15
	金华市人民医院	2019.10.16	2022.10.15
	浙江大学医学院附属邵逸夫医院	2019.10.16	2022.10.15
	浙江省人民医院	2019.10.16	2022.10.15
	浙江中医药大学附属第三医院	2019.10.16	2022.10.15
	诸暨市人民医院	2019.10.16	2022.10.15
安徽省	安徽省立医院	2019.10.16	2022.10.15
	安徽医科大学第二附属医院	2019.10.16	2022.10.15
	安徽医科大学第四附属医院	2019.10.16	2022.10.15
	蚌埠医学院第一附属医院	2019.10.16	2022.10.15
	宣城市人民医院	2019.10.16	2022.10.15
	六安市人民医院	2019.10.16	2022.10.15
	马鞍山市人民医院	2019.10.16	2022.10.15
福建省	厦门大学附属中山医院	2019.10.16	2022.10.15
	厦门莲花医院	2019.10.16	2022.10.15
	厦门市中医院	2019.10.16	2022.10.15
江西省	萍乡市人民医院	2019.10.16	2022.10.15
	赣州市肿瘤医院	2019.10.16	2022.10.15
	井冈山大学附属医院	2019.10.16	2022.10.15

（续表）

省市	药物临床试验机构名单	认证日期	有效截止日期
江西省	九江市中医医院	2019.10.16	2022.10.15
	南昌大学第二附属医院	2019.10.16	2022.10.15
	南昌大学第一附属医院	2019.10.16	2022.10.15
山东省	青岛市妇女儿童医院	2019.10.16	2022.10.15
	青岛市中医医院	2019.10.16	2022.10.15
	泰安市妇幼保健院	2019.10.16	2022.10.15
	泰安市中心医院	2019.10.16	2022.10.15
	威海市妇幼保健院	2019.10.16	2022.10.15
	潍坊高新技术产业开发区人民医院	2019.10.16	2022.10.15
	潍坊市第二人民医院	2019.10.16	2022.10.15
	潍坊眼科医院	2019.10.16	2022.10.15
	山东大学齐鲁医院	2019.10.16	2022.10.15
	山东第一医科大学第二附属医院	2019.10.16	2022.10.15
	山东省立医院(山东省儿童医院)	2019.10.16	2022.10.15
	滨州医学院附属医院	2019.10.16	2022.10.15
	菏泽市立医院	2019.05.27	2022.05.26
	兰陵县人民医院	2019.10.16	2022.10.15
	聊城市人民医院	2019.10.16	2022.10.15
	临沂市妇女儿童医院	2019.10.16	2022.10.15
	枣庄矿业集团中心医院	2019.10.16	2022.10.15
	淄博市第一医院	2019.10.16	2022.10.15
	淄博市临淄区人民医院	2019.10.16	2022.10.15
	淄博市中医医院	2019.10.16	2022.10.15
	淄博万杰肿瘤医院	2019.10.16	2022.10.15

（续表）

省市	药物临床试验机构名单	认证日期	有效截止日期
河南省	安阳市肿瘤医院	2019.10.16	2022.10.15
	南阳市第一人民医院	2019.10.16	2022.10.15
	平煤神马医疗集团总医院	2019.10.16	2022.10.15
	新乡市中心医院	2019.10.16	2022.10.15
	新乡医学院第三附属医院	2019.10.16	2022.10.15
	新乡医学院第一附属医院	2019.10.16	2022.10.15
	阜外华中心血管病医院	2019.10.16	2022.10.15
	河南科技大学第一附属医院	2019.10.16	2022.10.15
	河南省精神病医院	2019.10.16	2022.10.15
	河南省三门峡市中心医院	2019.10.16	2022.10.15
	开封市中医院	2019.10.16	2022.10.15
	洛阳市第三人民医院	2019.05.27	2022.05.26
	郑州大学第五附属医院	2019.05.27	2022.05.26
	驻马店市中心医院	2019.10.16	2022.10.15
湖北省	武汉爱尔眼科医院汉口医院	2019.03.12	2022.03.11
	武汉大学人民医院	2019.10.16	2022.10.15
	武汉大学中南医院	2019.10.16	2022.10.15
	武汉儿童医院（武汉市妇女儿童医疗保健中心、武汉市妇幼保健院、华中科技大学同济医学院附属武汉儿童医院）	2019.10.16	2022.10.15
	武汉市第三医院	2019.10.16	2022.10.15
	武汉市中心医院	2019.10.16	2022.10.15
	宜昌市第一人民医院（三峡大学人民医院）	2019.10.16	2022.10.15
	十堰市人民医院	2019.10.16	2022.10.15

省市	药物临床试验机构名单	认证日期	有效截止日期
湖南省	湘南学院附属医院	2019.10.16	2022.10.15
	衡阳华程医院	2019.10.16	2022.10.15
	湖南省胸科医院	2019.10.16	2022.10.15
	湖南益阳康雅医院	2019.10.16	2022.10.15
	怀化市第一人民医院	2019.10.16	2022.10.15
	南华大学附属南华医院	2019.10.16	2022.10.15
	永州市中心医院	2019.10.16	2022.10.15
	中南大学湘雅二医院	2019.10.16	2022.10.15
广东省	北京大学深圳医院	2019.10.16	2022.10.15
	清远市人民医院（广州医科大学附属第六医院）	2019.05.27	2022.05.26
	香港大学深圳医院	2019.10.16	2022.10.15
	深圳爱尔眼科医院	2019.10.16	2022.10.15
	深圳市宝安区松岗人民医院	2019.10.16	2022.10.15
	深圳市宝安区中医院	2019.10.16	2022.10.15
	深圳市儿童医院	2019.10.16	2022.10.15
	深圳市罗湖区人民医院	2019.10.16	2022.10.15
	深圳市人民医院	2019.10.16	2022.10.15
	东莞康华医院	2019.05.27	2022.05.26
	东莞市第三人民医院（东莞市石龙人民医院）	2019.10.16	2022.10.15
	东莞市人民医院	2019.10.16	2022.10.15
	佛山市第一人民医院（中山大学附属佛山医院）	2019.10.16	2022.10.15
	佛山市中医院	2019.10.16	2022.10.15
	高州市人民医院	2019.05.27	2022.05.26
	广东省第二人民医院	2019.10.16	2022.10.15

（续表）

省市	药物临床试验机构名单	认证日期	有效截止日期
广东省	东莞东华医院（中山大学附属东华医院）	2019.03.12	2022.03.11
	广东省工伤康复医院	2019.10.16	2022.10.15
	广东省中医院（广州中医药大学第二附属医院）	2019.10.16	2022.10.15
	广东医科大学附属医院	2019.10.16	2022.10.15
	广州市番禺区中心医院	2019.10.16	2022.10.15
	广州市红十字会医院	2019.10.16	2022.10.15
	广州医科大学附属第三医院	2019.10.16	2022.10.15
	广州医科大学附属第五医院	2019.10.16	2022.10.15
	广州医科大学附属第一医院	2019.10.16	2022.10.15
	暨南大学附属第一医院（广州华侨医院）	2019.10.16	2022.10.15
	江门市五邑中医院	2019.10.16	2022.10.15
	江门市中心医院	2019.10.16	2022.10.15
	梅州市人民医院	2019.10.16	2022.10.15
	南方医科大学南方医院	2019.10.16	2022.10.15
	南方医科大学皮肤病医院	2019.10.16	2022.10.15
	南方医科大学中西医结合医院	2019.05.27	2022.05.26
	南方医科大学珠江医院	2019.10.16	2022.10.15
	粤北人民医院	2019.10.16	2022.10.15
	中国科学院大学深圳医院（光明）	2019.10.16	2022.10.15
	中国医学科学院肿瘤医院深圳医院	2019.10.16	2022.10.15
	中山大学附属第八医院（深圳福田）	2019.10.16	2022.10.15
	中山大学附属第三医院	2019.10.16	2022.10.15
	中山大学附属第五医院	2019.10.16	2022.10.15

（续表）

省市	药物临床试验机构名单	认证日期	有效截止日期
广东省	中山大学孙逸仙纪念医院	2019.10.16	2022.10.15
	中山市人民医院（中山大学附属中山医院）	2019.10.16	2022.10.15
	珠海市人民医院	2019.10.16	2022.10.15
广西壮族自治区	广西医科大学第二附属医院	2019.10.16	2022.10.15
海南省	海南省肿瘤医院	2019.10.16	2022.10.15
重庆市	重钢总医院	2019.10.16	2022.10.15
	重庆爱尔眼科医院	2019.10.16	2022.10.15
	重庆市第十一人民医院（重庆市优抚医院）	2019.10.16	2022.10.15
	重庆市涪陵中心医院	2019.10.16	2022.10.15
	重庆市江津区中心医院	2019.10.16	2022.10.15
	重庆医科大学附属儿童医院	2019.10.16	2022.10.15
四川省	攀枝花市中西医结合医院	2019.10.16	2022.10.15
	四川大学华西第二医院	2019.10.16	2022.10.15
	四川省地矿局四〇五医院	2019.05.27	2022.05.26
	西南医科大学附属医院	2019.10.16	2022.10.15
	宣汉县人民医院	2019.10.16	2022.10.15
	宜宾市第二人民医院	2019.10.16	2022.10.15
	成都爱尔眼科医院	2019.10.16	2022.10.15
	成都大学附属医院	2019.10.16	2022.10.15
	成都市第七人民医院（成都市肿瘤医院）	2019.10.16	2022.10.15
	成都市第四人民医院	2019.10.16	2022.10.15
	成都市郫都区人民医院	2019.10.16	2022.10.15
	成都新华医院	2019.10.16	2022.10.15

（续表）

省市	药物临床试验机构名单	认证日期	有效截止日期
四川省	成都医学院第一附属医院	2019.05.27	2022.05.26
	川北医学院附属医院	2019.10.16	2022.10.15
	达川区人民医院	2019.10.16	2022.10.15
	达州市中心医院	2019.10.16	2022.10.15
	大竹县人民医院	2019.10.16	2022.10.15
	广元市中心医院	2019.10.16	2022.10.15
	自贡市第三人民医院	2019.10.16	2022.10.15
贵州省	贵州医科大学第二附属医院	2019.10.16	2022.10.15
	遵义市第一人民医院	2019.10.16	2022.10.15
	遵义医学院附属医院	2019.10.16	2022.10.15
云南省	普洱市人民医院	2019.10.16	2022.10.15
	昆明市第一人民医院	2019.10.16	2022.10.15
	昆明医科大学第二附属医院	2019.10.16	2022.10.15
	云南省传染病专科医院（云南省心理卫生中心）	2019.10.16	2022.10.15
	云南省第一人民医院	2019.10.16	2022.10.15
	云南省阜外心血管病医院	2019.10.16	2022.10.15
陕西省	西安市第八医院	2019.10.16	2022.10.15
	西安市第四医院	2019.10.16	2022.10.15
	西安市儿童医院	2019.10.16	2022.10.15
	西安市红会医院	2019.10.16	2022.10.15
	陕西省中医医院	2019.10.16	2022.10.15
	陕西中医药大学附属医院	2019.10.16	2022.10.15
甘肃省	甘肃省妇幼保健院	2019.10.16	2022.10.15
青海省	青海省第四人民医院	2019.10.16	2022.10.15

（续表）

省市	药物临床试验机构名单	认证日期	有效截止日期
宁夏回族自治区	宁夏回族自治区人民医院	2019.10.16	2022.10.15
	银川市第一人民医院	2019.10.16	2022.10.15
新疆维吾尔自治区	新疆佳音医院	2019.10.16	2022.10.15
	新疆维吾尔自治区妇幼保健院（乌鲁木齐市妇幼保健院）	2019.10.16	2022.10.15
	新疆维吾尔自治区人民医院	2019.10.16	2022.10.15
	石河子大学医学院第一附属医院	2019.10.16	2022.10.15
	喀什地区第一人民医院	2019.10.16	2022.10.15

资料来源：国家药品监督管理局网站

附表 4 "十三五"期间上海生物技术与医药领域专业技术服务平台

序号	平台名称	依托单位	所在区
1	上海市医用电气设备通用安全研究技术服务平台	上海市医疗器械检测所	浦东新区
2	上海市中药中试孵化专业技术服务平台	上海中药制药技术有限公司	浦东新区
3	上海市生物医药产品中试孵化专业技术服务平台	上海乔源生物制药有限公司	浦东新区
4	上海市兽用疫苗制造工艺专业技术服务平台	上海海利生物技术股份有限公司	奉贤区
5	上海市食品质量安全检测与评价专业技术服务平台	上海市质量监督检验技术研究院	徐汇区
6	上海市中药和保健食品品质与安全检测专业技术服务平台	上海市食品药品检验所	浦东新区
7	上海市临床试验质量控制专业技术服务平台	上海生物医药公共技术服务公司	浦东新区
8	上海市医用植入物检测专业技术服务平台	上海交通大学医学院附属第九人民医院	黄浦区
9	上海市干细胞制备与质检技术服务平台	上海市东方医院	浦东新区
10	上海市干细胞工程研发平台	上海市干细胞技术有限公司	长宁区
11	上海市性传播疾病专业技术服务平台	上海市皮肤病医院	静安区
12	上海市抗体药物专业技术服务平台	上海张江生物技术有限公司	浦东新区
13	上海市灵长类模式动物专业技术服务平台	上海市浦东医院(复旦大学附属浦东医院)	浦东新区

（续表）

序号	平台名称	依托单位	所在区
14	上海市药物代谢专业技术服务平台	上海药物代谢研究中心	浦东新区
15	上海市乳与乳制品质量安全检测专业技术服务平台	上海德诺产品检测有限公司	静安区
16	上海市农业技术信息专业技术服务平台	上海市农业科学院	奉贤区
17	上海市农产品保鲜加工专业技术服务平台	上海市农业科学院	奉贤区
18	上海市农产品质量安全评价专业技术服务平台	上海市农业科学院	奉贤区
19	上海市农作物种质资源共享服务平台	上海市农业生物基因中心	长宁区
20	上海市农药筛选专业技术服务平台	上海南方农药研究中心	青浦区
21	上海市出入境食品和饲料检测专业技术服务	上海出入境检验检疫局动植物与食品检验检疫技术中心	浦东新区
22	上海市植物种苗组培专业技术服务平台	上海市农业科学院	奉贤区
23	上海市转基因生物与食品安全专业技术服务平台	上海交通大学	闵行区
24	上海市中药物质基础与标准专业技术服务平台	上海诗丹德标准技术服务有限公司	浦东新区
25	上海市中药固体制剂专业技术服务平台	上海中医药大学	浦东新区
26	上海市中医方证研究专业技术康务平台	上海中医药大学	浦东新区

（续表）

序号	平台名称	依托单位	所在区
27	上海市人体类器官工程技术服务平台	第二军医大学东方肝胆外科医院	杨浦区
28	上海市分子细胞生物学专业技术服务平台	中国科学院上海生命科学研究院	徐汇区
29	上海市功能糖和糖组学分析专业技术	中国科学院上海药物研究所	浦东新区
30	上海市包装材料与药品相容性研究专业技术	上海市食品药品包装材料测试所	浦东新区
31	上海市口腔颌面部肿瘤组织样本及生物信息数据库专业技术服务平台	上海交通大学医学院附属第九人民医院	黄浦区
32	上海市同位素药物代谢研究专业技术服务平台	上海美迪西生物医药股份有限公司	浦东新区
33	上海市呼吸系统药物递送专业技术服务平台	上海方予健康医药科技有限公司	浦东新区
34	上海市基因测序与分析专业技术服务平台	上海人类基因组研究中心	浦东新区
35	上海基因芯片专业技术服务平台	上海生物芯片有限公司	浦东新区
36	上海市妇幼用药非临床评价专业技术服务平台	上海计划生育科学研究所	徐汇区
37	上海市实验动物资源共享服务平台	上海实验动物研究中心	浦东新区
38	上海市康复与电生理医疗器械专业技术服务平台	上海诺诚电气有限公司	闵行区

（续表）

序号	平台名称	依托单位	所在区
39	上海市恶性肿瘤生物样本库专业技术服务平台	复旦大学	徐汇区
40	上海市抗肿瘤创新药物药效评价专业技术平台	中国科学院上海药物研究所	浦东新区
41	上海新药临床前药效学与安全性评价专业技术服务平台	中国科学院上海药物研究所	浦东新区
42	上海市新药安全评价专业技术服务平台	国家上海新药安全评价研究中心	浦东新区
43	上海市新药师选专业技术服务平台	国家新药筛选中心	浦东新区
44	上海核糖核酸（RNA）研究分析专业技术服务平台	上海吉凯基因化学技术有限公司	浦东新区
45	上海模式生物技术专业服务平台	上海南方模式生物技术有限公司	浦东新区
46	上海市比较医学专业技术服务平台	上海南方模式生物技术有限公司	浦东新区
47	上海类器官技术服务平台	上海易对医生物医药科技有限公司	嘉定区
48	上海高通量疾病标志物筛选、验证和数据分析研发公共服务平台	上海伯豪生物技术有限公司	浦东新区
49	上海市高等级生物安全病原微生物检测专业技术服务平台	上海市公共卫生临床中心	金山区
50	上海市食品质量检测与研发专业技术服务平台	上海市食品研究所	徐汇区

（续表）

序号	平台名称	依托单位	所在区
51	上海市野生动物疫源疫病监控专业技术服务平台	华东师范大学	普陀区
52	上海市重大疾病临床生物样本实体库专业技术服务平台	上海申康医院发展中心	静安区
53	上海市重大疾病蛋白质组研究专业技术服务平台	复旦大学	徐汇区
54	上海市药物结构与成分分析专业技术服务平台	上海张江药谷公共服务平台有限公司	浦东新区
55	上海市诱导多能干细胞临床转化专业技术服务平台	上海爱萨尔生物科技有限公司	浦东新区
56	上海市药物制剂与工程化专业技术服务平台	上海现代药物制剂工程研究中心有限公司	浦东新区
57	上海市药物化学和药性评价专业技术服务平台	上海药明康德新药开发有限公司	浦东新区
58	上海肿瘤精准免疫治疗关键技术专业服务平台	上海科医联创生物科技有限公司	浦东新区
59	上海结核病快速检测与药物筛选专业技术服务平台	同济大学附属上海市肺科医院	杨浦区
60	上海精准医学大数据专业技术公共服务平台	上海宝藤生物医药科技有限公司	浦东新区
61	上海市科研用试剂资源共享专业技术服务平台	国药集团化学试剂有限公司	黄浦区
62	上海市男性生殖与泌尿疾病药物非临床评价专业技术服务平台	上海市计划生育科学研究所	徐汇区

（续表）

序号	平台名称	依托单位	所在区
63	上海市疾病基因检测专业技术服务平台	上海基康生物技术有限公司	浦东新区
64	上海市生物过程工程专业技术服务平台	华东理工大学	徐汇区
65	上海市生物技术药物非人灵长类安全评价专业技术服务平台	上海美迪西生物医药股份有限公司	浦东新区
66	上海市生物物质成药性评价专业技术服务平台	上海医药工业研究院	虹口区
67	上海市生物医药蛋白质纯化与分析测试专业技术服务平台	上海中科新生命生物科技有限公司	徐汇区
68	上海市生物大分子药物研发专业技术服务平台	上海交通大学	闵行区
69	上海市生物医药产业技术创新服务平台	上海市生物医药科技产业促进中心	浦东新区
70	上海市生物医药特种合成工艺专业技术服务平台	上海药谷药业有限公司	浦东新区
71	上海市生物信息数据共享服务平台	上海生物信息技术研究中心	浦东新区
72	上海市生物医用材料测试专业技术服务平台	上海市第九人民医院	黄浦区
73	上海市低温生物医学技术服务平台	上海理工大学	杨浦区

资料来源:《上海生物医药产业发展状况报告(2020)》

附表 5　新医改以来我国出台的"医""药"政策一览表

颁布/制订机构	颁布时间	文件名	涉及产业	协同层次	协同领域	行动者
国务院办公厅	2009.6.2	国务院办公厅关于印发促进生物产业发展若干政策的通知	"药"	支撑层、核心层	圈层内协同	科研机构、企业、高校、人才
国务院办公厅	2010.4.6	国务院办公厅关于印发医药卫生体制五项重点改革2010年度主要工作安排的通知	"医""药"	核心层、载体层	圈层内协同	生物医疗机构、人才、医保从业人员、大学生、灵活就业人员、农民工、国务院及各省医改领导小组
卫生部	2011.2.12	医药卫生中长期人才发展规划（2011—2020年）	"医""药"	核心层、支撑层、监管层	圈层间协同	医疗卫生机构、人才、医疗卫生教育机构、政策、法律法规、乡村医生
国务院办公厅	2011.2.13	国务院办公厅关于印发医药卫生体制五项重点改革2011年度主要工作安排的通知	"医""药"	核心层、监管层	圈层内及圈层间协同	医药卫生机构、医保、基本药、人才、卫生部、发改委、工业和信息化部、商务部、食品药品监督局、人力资源社会保障部、财政部、民政部
国务院	2012.10.8	卫生事业发展"十二五"规划	"医""药"	支撑层、核心层	圈层内及圈层间协同	基本药物、新药、生物技术药物、化学药、中药、生物医学新产品和新工艺、生物医药企业
国务院	2012.12.29	国务院关于印发生物产业发展规划的通知	"药"	支撑层、核心层	圈层间协同	新药研制支撑平台、生物医药企业、生物技术药物、化学药物、中药、医疗器械

216　产业生态视域下"医""药"协同发展研究

（续表）

颁布/制订机构	颁布时间	文件名	涉及产业	协同层次	协同领域	行动者
国务院办公厅	2012.4.14	国务院办公厅关于印发深化医药卫生体制改革2012年主要工作安排的通知	"医""药"	监管层	圈层内协同	基本药、医疗卫生机构
国务院办公厅	2013.7.18	国务院办公厅关于印发深化医药卫生体制改革2013年主要工作安排的通知	"医""药"	核心层	圈层内协同	健康数据
国务院	2013.9.28	国务院关于促进健康服务业发展的若干意见	"医""药"	核心层、支撑层、监管层	圈层内及圈层间协同	医疗卫生机构、康复医院、健康管理机构、商业保险公司、健康信息管理中心、医保、医学检验中心、城乡居民
食品药品监督管理局	2014.2.7	创新医疗器械特别审批程序（试行）	"药"	核心层、监管层	圈层内协同	医疗器械、食品药品监督管理部门
国务院办公厅	2015.2.28	国务院办公厅关于完善公立医院药品集中采购工作的指导意见	"医""药"	核心层、支撑层、监管层	圈层间协同	医院、医保机构、药品采购、价格管理、采购编码标准、采购数据
国务院办公厅	2015.3.6	国务院办公厅关于印发全国医疗卫生服务体系规划纲要（2015—2020年）的通知	"医""药"	核心层、支撑层、监管层	圈层间协同	医疗卫生机构、医保机构、制药企业、医疗联合体、健康数据
国务院	2015.5.19	中国制造2025	"药"	核心层	圈层内协同	化学药、中药、医疗器械、生物制品

（续表）

颁布/制订机构	颁布时间	文件名	涉及产业	协同层次	协同领域	行动者
国务院办公厅	2015.6.15	国务院办公厅印发关于促进社会办医加快发展若干政策措施的通知	"医"	核心层、支撑层	圈层内部协同	医疗卫生机构、健康数据
国务院	2016.10.25	"健康中国2030"规划纲要	"医""药"	核心层、支撑层、监督层、载体层	圈层内部及圈层间协同	妇女儿童、老年人、残疾人、低收入人群、政策、健康教育、医疗卫生机构、中医养生保健机构、中药、医保生保健保险、医疗救助、医疗器械、健康数据、人才、专利、协同网络
工业和信息化部、国家发展和改革委员会、科学技术部、商务部、国家卫生和计划生育委员会、国家食品药品监督管理总局	2016.10.26	医药工业发展规划指南	"医""药"	支撑层、核心层	圈层间协同	企业、高校、医疗机构、创新型生物医药企业、新药
国务院	2016.11.29	"十三五"国家战略性新兴产业发展规划	"医""药"	核心层、监管层	圈层间协同	新药、生物制剂政策、医疗机构、医保机构、医药机构
国务院办公厅	2016.3.4	国务院办公厅关于促进医药产业健康发展的指导意见	"医""药"	支撑层、核心层	圈层内部与圈层间协同	龙头企业、创新型企业、科研院所、新药、高端人才

（续表）

颁布/制订机构	颁布时间	文件名	涉及产业	协同层次	协同领域	行动者
国务院办公厅	2016.6.24	国务院办公厅关于促进和规范健康医疗大数据应用发展的指导意见	"医""药"	核心层	圈层内部与圈层间协同	医疗机构、科研机构、临床医学数据示范中心、新药研发
国家卫生计生委、科技部、国家食品药品监督管理总局、国家中医药管理局、中央军委后勤保障部卫生局	2016.9.30	关于全面推进卫生与健康科技创新的指导意见	"医""药"	核心层、支撑层	圈层内部及圈层间协同	医疗卫生机构、高等院校、科研院所、食品药品检验检测机构、企业、生物医药、医疗器械、医疗技术与服务、食品药品安全、健康医疗大数据以及健康医疗服务
国务院办公厅	2017.1.24	国务院办公厅关于进一步改革完善药品生产流通使用政策的若干意见	"药"	支撑层、核心层	圈层间协同	新药、生物医药企业
国务院办公厅	2017.4.26	国务院办公厅关于推进医疗联合体建设和发展的指导意见	"医"	核心层	圈层内部协同	医疗机构、优势专科资源
科技部、国家卫生计生委、国家体育总局、国家食品药品监管总局、国家中医药管理局、中央军委后勤保障部	2017.5.16	"十三五"卫生与健康科技创新专项规划	"医"	核心层	圈层内协同	健康数据、医疗卫生机构

（续表）

颁布/制订机构	颁布时间	文件名	涉及产业	协同层次	协同领域	行动者
国务院办公厅	2018.4.25	国务院办公厅关于促进"互联网+医疗健康"发展的意见	"医"	核心层、支撑层	圈层内部协同	医疗卫生机构、健康信息管理机构、健康数据
国务院办公厅	2018.9.23	国务院办公厅关于完善国家基本药物制度的意见	"医""药"	核心层、监管层	圈层内部及圈层间协同	医疗机构、基本药物、健康数据
中共中央	2020.10.29	中共中央关于制定国民经济和社会发展第十四个五年规划和二〇三五年远景目标的建议	"医""药"	核心层、支撑层、监管层、载体层	圈层内部及圈层间协同	医疗保险、失业保险、工伤保险、人才、卫生医疗机构、药品、医疗器械、人才、健康数据
国家卫生健康委—国家中医药管理局	2020.6.8	医疗机构医用耗材管理办法（试行）	"药"	支撑层、监管层	圈层间协同	地方医保部门、药品监管部门、卫生医疗机构、医用耗材、国家中医药局、地方卫生健康行政部门、中医药主管部门

资料来源：由国家有关部门官网资料整理而来

参 考 文 献

[1] Ansoff, H. I. Strategies for diversification [J]. Harvard Business Review, 1957,35(5): 113 – 124.

[2] Antonelli C. The new economics of the university: a knowledge governance approach[J]. Journal of Technology Transfer, 2008, 33 (1): 1 – 22.

[3] Banerjee T, Siebert R. Dynamic impact of uncertainty on R&D cooperation formation and research performance: Evidence from the bio – pharmaceutical industry [J]. Research Policy, 2017, 46 (7): 1255 – 1271.

[4] Bianchi M, Cavaliere A, Chiaroni D, et al. Organisational modes for Open Innovation in the bio – pharmaceutical industry: An exploratory analysis – ScienceDirect[J]. Technovation, 2011, 31(1):22 – 33.

[5] De Luca L M, Verona G, Vicari S. Market orientation and R&D effectiveness in high – technology firms: An empirical investigation in the biotechnology industry [J]. Journal of Product Innovation Management, 2010, 27 (3): 299 – 320.

［6］ Dhanaraj C，Parkhe A. Orchestrating innovation networks ［J］. Academy of Management Review，2006，31(3)：659 - 669.

［7］ DiMasi J A，Grabowski H G，Hanse R W. Innovation in the pharmaceutical industry：New estimates of R&D cost ［J］. Journal of Health Economics，2016，47：20 - 33.

［8］ Hagedoorn J，Roijakkers N，Van Kranenburg H. Inter - Firm R&D networks：The importance of strategic network capabilities for high - tech partnership formation[J].British Journal of Management，2010，17 (1)：39 - 53.

［9］ Haken H. Erfolgsgeheimnisse der Natur：Synergetik：die Lehre vom Zusammenwirken[M]. Deutsche Verlags-Anstalt，1981.

［10］ Howells J，Gagliardi D，Malik K. The growth and management of R&D outsourcing：Evidence from UK pharmaceuticals ［J］. R&D Management，2010，38(2)：205 - 219.

［11］ Iansiti M，Levien R. Strategy as ecology ［J］. Harvard Business Review，2004，82(3)：68 - 81.

［12］ Porter M E. Industrial organization and the evolution of concepts for strategic planning：the new learning[J]. Managerial and Decision Economics，1983，4(3)：172 - 180.

［13］ Pegels C C，Song Y I，Yang B. Management heterogeneity，competitive interaction groups，and firm performance[J]. Strategic Management Journal，2000，21(9)：911 - 923.

［14］ Pfeffer，J.，Salancik，G.R. The external control of organizations：A resource dependence perspective[M]. Harper & Row，1978.

［15］ Porter，Michael E. Competitive Advantage：Creating and Sustaining Superior Performance[M]. Free Press,1985.

［16］ Cloud P. Entropy，materials，and posterity ［J］. Geologische

Rundschau，1977，66(1)：678－696.

[17] Stephens P，Thomson D. The Cancer Drug Fund 1 year on—success or failure？[J]. The Lancet Oncology，2012，13(8)：754－757.

[18] Tian C，Ray B K，Lee J，et，al. BRAM：A framework for business ecosystem analysis and modeling [J]. IBM Systems Journal，2008，47 (1)：101－14.

[19] Volberda H W，Lewin A Y. Co－Evolutionary Dynamics within and between Firms：From Evolution to Co－Evolution[J]. Journal of Management Studies，2003，40(8)：2111－2136.

[20] 白列湖. 协同论与管理协同理论[J]. 甘肃社会科学，2007(05)：228－230.

[21] 布朗温·H.霍尔. 创新经济学手册:第一卷[M]. 上海:上海交通大学出版社，2017.

[22] 蔡雨阳，李际，任军，黄阳滨，芮明杰. 基于"先进合同研究组织"的生物医药产业创新模式探讨[J]. 中国药房，2009，20(31)：2401－2404.

[23] 曹阳，朱丽娜，茅宁莹.基于多层次灰色评价模型的生物医药产业集群创新能力实证研究[J].企业经济，2012，31(05)：94－97.

[24] 曾婧婧,刘定杰.产业集群集聚效应能促进企业创新绩效提升吗——对武汉市生物医药产业集群的实证分析[J].科技进步与对策,2016,33 (18):65－71.

[25] 陈波.我国生物医药产业创新平台运行绩效的实证研究[J].上海经济，2018(03):86－96.

[26] 陈建勋，马良才，于文龙，周正矗，周智凯."健康管理"的理念和实践[J].中国公共卫生管理，2006(01)：7－10.

[27] 陈静，曾珍香.社会、经济、资源、环境协调发展评价模型研究[J].科学管理研究,2004(3)：10－13.

[28] 成都温江区:构建"五链协同"创新生态 打造活力创新之都[J].中国科

技产业,2020(12):60-61.

[29] 褚淑贞,张素荣,沈念伍.产业链视角下医药产业集群中的企业合作形态[J].上海医药,2013,34(07):37-40.

[30] 笪学荣,刘星宇,杨志云.无锡市基于全民健康信息平台的医联体建设实践[J].中国卫生信息管理杂志,2021,18(04):486-489+493.

[31] 单蒙蒙,尤建新,邵鲁宁.产业创新生态系统的协同演化与优化模式:基于张江生物医药产业的案例研究[J].上海管理科学,2017(03):01-07.

[32] 丁锦希,吴逸飞,李佳明,李伟.高值创新药品过渡基金保障模式研究——基于英国癌症药物基金的实证分析[J].中国新药杂志,2020,29(15):1691-1696.

[33] 范纯增,姜虹.产业集群间互动发展的动力机制、合争强度与效应——以长三角医药产业集群为例[J].经济地理,2011,31(08):1319-1325.

[34] 范增,褚淑贞.医药产业园区协同创新作用分析[J].产业经济,2015(11):10-12.

[35] 冯爱玲,郭富利,邢花.我国药品注册制度调整对新药研发的影响研究[J].中国药房,2017,28(22):3025-3029.

[36] 耿燕娜,张文鑫.协同创新视角下的中国医药产业可持续发展之路[J].中国中医药现代远程教育,2015(18):161-165.

[37] 龚静,何悦.科技创新与科技金融协同发展水平测度与提升路径研究——以成都市为例[J].科技和产业,2020,20(09):1-7.

[38] 顾昕.公共财政转型与政府卫生筹资责任的回归[J].中国社会科学,2010(02):103-120+222.

[39] 郭俊立.巴黎学派的行动者网络理论及其哲学意蕴评析[J].自然辩证法研究,2007(02):104-108.

[40] 何宇辉,李晨光.京津冀生物医药集群创新网络发展现状与对策研究[J].科技视界,2016(05):174+216.

[41] 胡灵.医药行业供应链竞争与政府管制[D].上海:上海交通大

学，2019.

[42] 黄凤媛,孟光兴.基于社会网络视角的生物医药产业协同创新网络研究——以广东省为例[J].中国新药杂志,2020,29(18):2049-2054.

[43] 江胜强,田培培,沙子墨,孙晓娈,李歆.基于合作发明专利的我国生物医药领域研发合作现状分析[J].中国药房,2017,28(31):4334-4337.

[44] 江胜强,田培培,沙子墨,孙晓娈,李歆.基于合作发明专利的我国生物医药领域研发合作现状分析[J].中国药房,2017,28(31):4335-4337.

[45] 姜昌斌,夏振炜,叶蓓华,徐懿萍,李怡华,赵咏桔,于金德.科教兴院创办研究型医院[J].中华医学科研管理杂志,2003(01):62-64.

[46] 姜庆丹,张思文,姜艺佼,张喆,蔡双燕.辽宁省中医药健康产业融合发展对策研究[J].中国卫生经济,2021,40(04):67-70.

[47] 蒋维平,季瑞雯,黄文龙.网络嵌入视角探讨技术创新联盟对医药企业技术创新绩效影响动态模型构建[J].中国新药杂志,2016,25(20):2294-2300.

[48] 解学梅,刘丝雨.协同创新模式对协同效应与创新绩效的影响机理[J].管理科学,2015,28(02):27-39.

[49] 金丕焕,邓伟.临床试验[M].上海:复旦大学出版社,2004.

[50] 康琦,杜学礼.推进上海医疗健康服务业与生物医药产业对接发展研究[J].科学发展,2021(03):5-15.

[51] 雷雨,任红梅,张恬,虞小叶,张宏翔.基于区域协同的襄阳生物医药产业发展研究[J].高科技与产业化,2020(07):39-45.

[52] 李安安,石萍.人体日常健康管理可穿戴设备研究进展[J].北京生物医学工程,2021,40(04):430-436.

[53] 李常洪,姚莹.联盟组合合作伙伴多样性和企业绩效的关系——基于中国生物医药行业上市公司的实证分析[J].工业技术经济,2017,36(02):133-138.

［54］李汉卿.协同治理理论探析［J］.理论月刊，2014(01)：138－142.

［55］李洁,蒋凯杰,王永辉.基于产业价值链视角生物医药产业集群升级模式探析［J］.中国卫生事业管理,2017,34(12):884－887＋894.

［56］李鹏,金立波,李校堃.生物医药领域如何深化产教融合——温州市生物医药协同创新中心的启示［J］.中国高校科技,2018(09):28－31.

［57］李书章.努力推进研究型医院建设向纵深发展［J］.中国研究型医院，2015,2(03):10－14.

［58］李树祥,褚淑贞,杨庆,庄倩.江苏省生物医药产业产学研专利合作网络演化分析［J］.科技管理研究,2021,41(14):73－80.

［59］李贤儒.经济规制对医疗服务质量的影响研究［D］.大连:东北财经大学,2019.

［60］梁园园,江洁,杨金侠,谢翩翩,南雪梅,杜新新.美国凯撒医疗集团服务模式对我国医联体建设的启示［J］.卫生经济研究,2020,37(11):30－32.

［61］林雷,林丽,叶发青,李校堃.知识链视角下"学校—企业—医院"协同育人的思考与实践［J］.中国药房,2015,26(09):1291－1293.

［62］刘光东,丁洁,武博.基于全球价值链的我国高新技术产业集群升级研究——以生物医药产业集群为例［J］.软科学,2011,25(03)：36－41.

［63］刘卫卫.郑州高新区生物医药产业产学研协同创新机制研究［D］.郑州:河南大学,2012.

［64］刘宇,康健,邵云飞.产业共性技术协同创新的三螺旋演进与动力研究——以成德绵生物医药产业的比较为例［J］.中国科技论坛,2017(12):83－90.

［65］刘媛.合作研发提升我国医药企业的研发实力［J］.企业经济,2007(02):36－38.

［66］罗家德.社会网络分析讲义［M］.北京:社会科学文献出版社，2010.

［67］吕国营.用医保治理理念看待医保部门与公立医院的关系［J］.中国医

疗保险，2019(11)：26.

[68] 吕兰婷,余浏洁.中英抗癌药政策比较研究[J].中国卫生政策研究，2019,12(02):15 - 21.

[69] 吕薇.外国政府对研究开发联合体的资助[J].经济研究参考,2001(92):35 - 37.

[70] 马澜,朱佩枫.中国医药制造业产业结构与环境污染的灰色关联度分析[J].管理现代化,2015,35(06)：61 - 63.

[71] 马永红,杨晓萌,孔令凯.关键共性技术合作网络演化机制研究——以医药产业为例[J].科技进步与对策,2021,38(08):60 - 69.

[72] 马勇,罗守贵,周天瑜,陈可达.上海生物医药产业集群研发服务联动创新研究[J].科技进步与对策,2013,30(13)：72 - 77.

[73] 玛丽亚,樊鸿伟.上海张江高科技园区生物医药产业集群研究[J].开发研究,2008(03)：99 - 102.

[74] 毛睿奕,曾刚.基于集体学习机制的创新网络模式研究——以浦东新区生物医药产业创新网络为例[J].经济地理,2010,30(09):1478 - 1483.

[75] 茅宁莹,彭桂花.战略地图视角下生物医药产业政策的协同作用机制——基于系统动力学方法的研究[J].科技管理研究,2017,37(15):40 - 49.

[76] 茅宁莹,张帅英,褚淑贞.基于 DEA 方法的我国医药制造业技术创新效率的实证研究[J].中国药房,2012,23(05):391 - 394.

[77] 蒙大斌,张立毅.创新网络生成因素的重要性识别研究——以上海医药产业为例[J].中国经济问题,2021(01):189 - 200.

[78] 孟庆跃,杨供伟,陈文,孙强,刘晓云.转型中的中国卫生体系[M].日内瓦:世界卫生组织出版社,2015.

[79] 裴中阳,胡安霞,闫娟娟,王源.基于协同度的山西省医药产业创新政策研究[J].中国药房,2019,30(16):2176 - 2180.

[80] 秦江磊,徐怡芳.医疗机构集群与生物医药园区空间集聚发展现状与趋

势研究[J].中国医院建筑与装备,2020,21(01):102－106.

[81] 阮平南,顾春柳.技术创新合作网络知识流动的微观作用路径分析——以我国生物医药领域为例[J].科技进步与对策,2017,34(17):22－27.

[82] 沈蕾,王思璐.基于产业生命周期的区域协同发展理论框架——以京津冀医药制造业为例[J].求索,2016(01):79－83.

[83] 史洪昊,胡豪,王一涛.竞合视角下的中国医药企业间合作[J].科技管理研究,2012,32(05):116－118＋123.

[84] 宋杰.上海全球科创中心:中国高新区的4.0版本[J].中国经济周刊,2021(12):24－26.

[85] 宋小燕,高亮,徐胡昇.生物医药创新的产学互动——以学术医学中心(AMC)为例[J].中国高校科技,2015(12):72－75.

[86] 苏月,关镇和,刘先宝,敖翼.浅谈生物医药产业技术创新战略联盟[J].中国生物工程志,2010,30(07):112－115.

[87] 孙艳香,肖文.开放式创新与我国生物医药产业的创新路径[J].中国医药导报,2011,8(09):9－10＋22.

[88] 滕堂伟.生物医药产业集群创新网络结构演化及其空间特性[J].兰州学刊,2015(12):185－191.

[89] 万程成.我国科技创新与实体经济协同发展评价研究[J].技术经济与管理研究,2020,(11):20－25.

[90] 王飞.生物医药创新网络的合作驱动机制研究[J].南京社会科学,2012(01):40－47.

[91] 王惠文,张雪姣,卜建华.基于产业链分析的京津冀医药产业协同发展研究[J].区域经济,2019(34):477－478.

[92] 王坤,李春成,马虎兆.基于专利视角的京津冀医药制造业协同创新评价[J].科技管理研究,2017,37(19):78－84.

[93] 王淋,李菊,陈客宏,朱剑武,陈洪,李勇.研究型医院融合发展模式探讨[J].中华医院管理杂志,2014,30(10):794－796.

[94] 王琳,黄哲.基于演化博弈视角的药企与学研机构创新药物合作研发研究[J].科技管理研究,2020,40(06):15-21.

[95] 王龙,康灿华.我国医药企业研发战略联盟研究[J].科技管理研究,2005(12):111-113.

[96] 王瑞欣,张馨予,严佳琦,钱梦岑,应晓华.医保支付及相关政策对药品使用的潜在影响[J].世界临床药物,2021,42(07):536-541.

[97] 王帅,陈玉文.我国生物医药产业园的发展现状及对策[J].中国药事,2012,26(10):1048-1051.

[98] 王兴明.产业发展的协同体系分析——基于集成的观点[J].经济体制改革,2013(05):102-105.

[99] 王雪娟,曹娣,吴亚芳,王晶.基于协同视角的陕西省生物医药产业发展分析[J].西部经济,2016(35):17-18.

[100] 王玉芬.创新网络:在资源流动中破解新药研发难题[J].开放导报,2017(06):44-48.

[101] 王玉芬.江苏新医药产业协同创新选择[J].开放导报,2014(03):77-80.

[102] 魏宝康,王健.中国药械组合产品的开发、应用与监管现状[J].中国医药工业杂志,2020,51(07):933-937.

[103] 邬亮,戴伟辉,孙涛.我国生物医药产业自主创新的生态群落模式研究[J].研究与发展管理,2007(02):42-49.

[104] 吴晓隽,高汝熹.生物医药创新集群的结构特征和运行机制研究[J].科学学与科学技术管理,2007(08):59-64.

[105] 吴兴梅.中医药健康服务协同创新效率影响因素研究——基于宣城市调研数据的实证分析[J].黄河科技学院学报,2020,22(11):11-17.

[106] 吴亚栗.政策联动降低抗癌药品费用[J].人口与计划生育,2018,(06):7-12.

[107] 吴勇民,纪玉山,吕永刚.金融产业与高新技术产业的共生演化研

究——来自中国的经验证据[J].经济学家,2014(07):82-92.

[108] 武云秀.京津冀医疗卫生事业协同发展的政策建议[J].经济与管理,2016,30(01):5-8.

[109] 熊季霞.关于医药企业间有效协同的探讨[J].上海医药,2001(09):392-394.

[110] 项玉卿,聂雅,索贵彬.基于知识链的制药产业协同创新研究——以我国医药制造业为例[J].科技进步与对策,2015,32(16):57-62.

[111] 徐浩鸣,徐建中,康姝丽.中国国有医药制造产业组织系统协同度模型及实证分析[J].中国科技论坛,2003(01):113-117+95.

[112] 徐力行,毕淑青.关于产业创新协同战略框架的构想[J].山西财经大学学报,2007(04):51-55.

[113] 徐力行,高伟凯.产业创新与产业协同——基于部门间产品嵌入式创新流的系统分析[J].中国软科学,2007(06):131-134+140.

[114] 杨宝峰.药理学第九版[M].北京:人民卫生出版社,2018.

[115] 杨舒杰,武志昂.基于药学类高校专利技术转移的我国医药创新模式分析[J].中国新药杂志,2017,26(17):1993-1996.

[116] 杨旭杰,裴晓华,董尚朴.京津冀中药企业构建专利联盟之路径分析[J].中国中医药信息杂志,2019,26(03):1-3.

[117] 尹磊,罗瑞华.产业生态理论发展研究述评[J].商业时代,2011(07):111-112.

[118] 于美玲,徐建国,于欣,计生鑫.消费者对药品说明书及合理用药认知度的调查[J].中国药房,2011,22(36):3376-3379.

[119] 于挺.推进上海医疗健康服务业与生物医药产业对接研究[J].科学发展,2020(12):75-83.

[120] 袁勤生.飞速发展的我国生物医药[J].中国药学杂志,2009,44(19):1451-1453.

[121] 张海燕,李晓晴,张晶.我国药物研发协同创新机制初探[J].中国新

药杂志,2016,25(17):1928-1932.

[122] 张洪源,包胜勇.药企与公立医院合作办医的现状、动因及问题——以上市药企为例[J].卫生经济研究,2017(12):42-47.

[123] 张立立,苏竣.我国生物医药产业政策变迁与治理特点探讨[J].中国卫生经济,2021,40(06):62-65.

[124] 张婷,吕筠,李立明.整体网络分析法在公共卫生中的应用[J].中华流行病学杂志,2011(04):416-418.

[125] 张昕男,杨毅,高山.基于复合系统协同度模型的上海市医药制造业创新系统协同度研究[J].中国药房,2017,28(19):2596-2601.

[126] 张旭,田丽娟.药物临床试验机构备案制实施的阻碍与解决对策[J].中国药房,2019,30(13):1734-1738.

[127] 张永庆,许志彪.长三角地区生物医药产业链分工模式研究[J].科技和产业,2017,17(5):28-32.

[128] 赵炎,栗铮.我国生物制药企业联盟的发展现状分析[J].科研管理,2017,38(S1):223-229.

[129] 中国外商投资企业协会药品研制和开发行业委员会等.中国临床试验在设计与执行中的困难和挑战[J].中国新药杂志,2018,27(11):1225-1232.

[130] 周启微,张兰春,胡炜彦,于浩飞,张荣平.云南省生物医药产业发展现状与问题研究[J].科技和产业,2020,20(03):173-177.

[131] 周雪光.组织社会学十讲[M].北京:社会科学文献出版社,2003.

[132] 朱恒鹏.发挥医保基金战略性购买作用,推进医疗保障和医药服务高质量协同发展[J].中国医疗保险,2020(02):4-6.

索　引